Daniele
Muscionico

Starke Schweizer Frauen

30 Porträts

Vorwort von Kathleen Bühler

Limmat Verlag
Zürich

Das überwundene Geschlecht

Als es vor einigen Jahren galt, die Errungenschaften von Simone de Beauvoirs Buch «Le deuxième sexe» (1949) für die Frauenbewegung zu bewerten, wurde es als philosophischer Beitrag gewürdigt. Der feministische Klassiker sei ein philosophischer Essay, der herausstreicht, was es heisst, ein Mensch zu sein, der von seinem sozialen Geschlecht geprägt wird.

Daniele Muscionicos sorgfältig recherchierten und gezeichneten Porträts von herausragenden Frauen in unterschiedlichen Wirkungsgebieten leisten Ähnliches. Sie öffnen die Augen dafür, was es heisst, Hausfrau, Künstlerin, Juristin, Verlegerin, Philantropin, Kommunistin oder Schriftstellerin zu sein und dabei von Vorstellungen eines sozialen Geschlechts begrenzt zu werden. Der Erfolg der Porträtierten besteht darin, sich nicht davon einengen zu lassen, sich nicht anzupassen, sondern auf kreative, hartnäckige und passionierte Weise zu rebellieren. Und dabei zu einem Vorbild für alle Menschen zu werden, die dagegen aufbegehren, menschliche Potenziale durch kulturelle, historische oder gesellschaftliche Auffassungen zu beschneiden.

Zu den bestehenden 24 Porträts starker Schweizer Frauen kommen in dieser Neuauflage sechs neue dazu. Es sind Frauen, welche aufgrund ihres Wirkens in den letzten Jahren breite Anerkennung erfuhren – wie Warja Lavater oder Mentona Moser –, Frauen, die in der Frauenrechtsbewegung eine herausragende Rolle einnehmen – wie Iris von Roten –, sowie Frauen, die in der öffentlichen Wahrnehmung oftmals im Schatten berühmter Männer stehen – wie Marie Walden, Adele Duttweiler-Bertschi oder Emmie Oprecht-Fehlmann.

Doch nicht umsonst prangt auf dem Titelbild Meret Oppenheim, die berühmte Künstlerin, deren vielfältiges Werk bis heute nichts von seiner Frische und Tiefgründigkeit verloren hat. Die faszinierende Persönlichkeit ist für ihre geistige Unabhängigkeit und Emanzipation bekannt, wehrte sich aber genauso durch Vereinnahmung von feministischer Seite. Stattdessen verfocht sie das von Carl Gustav Jung inspirierte Ideal einer androgynen Kreativität, in dem sowohl männliche als auch weibliche Anteile am Wirken sind, welche bei jedem Menschen, egal welchen Geschlechts, gleichermassen zu integrieren wären.

Meret Oppenheim ist in ihrem Schaffen keinem Stil oder einer Bewegung, sondern primär sich selbst treu geblieben, indem sie stets neue Themen in jeweils unterschiedlichen Bildsprachen aufgriff. Diese geistige Beweglichkeit und künstlerische Selbstbestimmung wirkten vorbildhaft, ohne dass die Künstlerin es darauf angelegt hätte, ein Vorbild zu sein. Aufgrund ihrer konsequent vorgelebten gesellschaftskritischen Haltung wurde sie dennoch eine feministische Identifikationsfigur. So rief sie 1975 anlässlich der Verleihung des Basler Kunstpreises Frauen dazu auf, der Gesellschaft durch unkonventionelle Lebensweisen die Ungültigkeit von Tabus vor Augen zu führen. Frauen sollen ihr eigenes Geistig-Männliches nicht mehr auf Männer projizieren, sondern es bei sich selbst ausleben, ohne Angst vor ihrer eigenen Schaffenskraft und im Wissen, dass jede wirklich neue Idee als Aggression erscheint. Für die Generation Meret Oppenheims war der Geschlechterkampf bestimmend, obwohl die Künstlerin stets auch darüber hinausschaute und sich fragte, was letztlich zu einer Überwindung der Polarisierung zwischen den Geschlechtern führen würde. Eine Chance sah sie nur darin, dass sich beide Seiten von den einengenden Vorstellungen des sozialen Geschlechts befreien. Berühmt ist ihr Ausspruch: «Die Freiheit wird einem nicht gegeben, man muss sie nehmen» aus dem Jahr 1975. Die Aufforderung besteht darin, die Dinge selbst in die Hand zu nehmen und aktiv zu werden, nicht darauf zu warten, dass es andere für uns erledigen. Die inspirierenden Vorbilder als Fingerzeig zu nehmen, dass es möglich war und immer wieder ist, am Schluss das zu verkörpern, was wir individuell sein möchten, ungeachtet dessen, wie viele Geschlechter unsere Gesellschaft anerkennt. Das Ziel besteht darin, dass wir einzigartig sein dürfen. Dass nicht alle gleich sein müssen – wie das die notorischen Kritiker der Gleichberechtigung unterstellen –, sondern dass wir ungeachtet dessen, als was wir geboren wurden, Entfaltungsmöglichkeiten haben, die wir individuell nutzen sollen. Mit den von Daniele Muscionico verfassten Porträts haben wir dreissig motivierende, denkwürdige Beispiele dafür.

Kathleen Bühler

Kathleen Bühler hat Kunstgeschichte, Filmwissenschaft und Philosophie an der Universität Zürich studiert. Sie arbeitete an verschiedenen Schweizer Kunstmuseen und ist seit 2021 Chefkuratorin am Kunstmuseum Bern. Als Ausstellungsmacherin konzipierte und organisierte sie Ausstellungen mit Tracey Emin (2009), Zarina Bhimj (2012), Bethan Huws (2014), Silvia Gertsch (2015), Miriam Cahn (2019), Heidi Bucher (2022) und Katharina Grosse (2023). Die ihres Wissens bisher erste Genderausstellung in einem Schweizer Kunstmuseum realisierte sie 2013 mit «Das schwache Geschlecht. Neue Mannsbilder in der Kunst» im Kunstmuseum Bern.

Die stille Bildstellerin

Sie erzählte die «Tell»-Legende frivol neu: Warja Lavater (1913–2007) entwarf das Schlüssel-Signet der UBS, erfand ein Kunst-Esperanto und wurde vom New Yorker Museum of Modern Art auf Händen getragen. In ihrer Heimat stand sie im Schatten ihres Mannes.

Ihr Herz schlägt wild. Würden ihre Bildtafeln, nebeneinandergestellt, ein Gesamtes ergeben? Die Figur Anna Bulliger, die Frau des Reformators, würde sie akkurat anschliessen an Maria Sibylla Merian und Katharina Sulzer wiederum an Johanna Spyri? Alle grossen Schweizer Pionierinnen sollten an der Schweizerischen Ausstellung für Frauenarbeit SAFFA in Zürich ihren Auftritt haben. Warja Lavater, Feministin von stiller Glut, würde dafür sorgen. Denn weiss eine besser als sie, wie es jener ergeht, die als Frau einen Schritt auf einem neuen Weg tut, die einen modernen Beruf ausübt zum Beispiel?

Im Juni 1958 die Nagelprobe, tatsächlich: Die zehn Bilder passen so perfekt zusammen, als hätte sie sie wie ein einziges Bild gemalt. Selbst Bundesvertreter zollen Lavaters Arbeit Applaus. Ihr Logo prangt auf dem Eingang der Ausstellung am Mythenquai, und ihr unübersehbares Wandbild «Die Linie» durchzieht das gesamte Gelände. Warja Lavater steht auf einem «Lebenshöhepunkt».

Eine Erlösung, eine Genugtuung. Nicht in finanzieller Hinsicht zwar, doch in emotionaler, Aufmerksamkeit und Anerkennung sind ihr ab 1958 gewiss. Kein Blick zurück jetzt, keine Bitterkeit.

Gründe gäbe es. Lange Jahre vorher war «für so ein Fräulein wie sie» kaum Arbeit da. Dass sie 1937 für den Schweizerischen Bankverein das Signet der drei Schlüssel erfindet und ihre Auftraggeber sogar davon überzeugt, ihr Vorschlag sei vielversprechender als die Idee der Bank – davon nehmen nur wenige Notiz. Man honoriert ihre Arbeit, an der sie ein ganzes Jahr lang gesessen hat, mit insgesamt vierhundertfünfzig Franken. Ein Betrag, den eine Grossbank aus der Portokasse bezahlt.

Das Fräulein Lavater aber auch! Ein kreatives Persönchen mit Fantasie, ohne Zweifel, eine Person mit Talenten. Zeichnen als Kind, täglich, unaufhörlich, eine «Fe» im Alter von fünf Jahren, sie trägt eine Krone. Mit rotem Stift notiert der stolze Vater: «Weihnachtsgeschenk von Warja für Mama», dazu seine Beurteilung: «Fabelhaft!»

Sie ist Erbin eines grossen Zürcher Geschlechts, Tochter der Schriftstellerin Mary Helen Sloman und eines Ingenieurs der Maschinenfabrik Sulzer. Aufgewachsen in Moskau – das russische Kindermädchen schenkt Barbara den Kosenamen «Warja» –, in Athen, später in Winterthur. Aber, was hat dieses Feenwesen nun eigentlich als Beruf gewählt?

Sie ist «freie Grafikerin». Sie hat sich die Ausbildung an der Kunstgewerbeschule in Zürich ertrotzt. Zürich und nichts anderes muss es sein, hier ist das Bauhaus Dessau als Idee zum Greifen und Begreifen nah. Trotz aller Aufgeschlossenheit an der Schule bleibt der Weg steinig. Was Werbung sei, ist Zeitgenossinnen und -genossen klar, doch eine Grafikerin kann nichts taugen. Warja Lavater notiert in ihren Erinnerungen: «Mir wurde klar, dass ich zwar eine hervorragende Grundausbildung genossen hatte, aber keine, um damit mein Leben zu verdienen.»

Längst haben zwar etliche Herren den Ruhm der «Schweizer Grafik» eingeleitet, Max Bill, Hermann Eidenbenz, Herbert Matter. Doch keine Frau ist dabei, die Ähnliches will. Warja will es, mit jeder Faser. Dass ihr Lehrer an der Kunstgewerbeschule, der Grafiker Ernst Keller, sie wissen lässt: «Sie werden ja heiraten», und tröstend feststellt, die Ausbildung würde später immerhin «ihren Kindern zugutekommen», hält sie nicht ab. Sie wird Grafikerin, auch ohne den Segen der Männer.

1940 wird geheiratet, Warja stemmt das Geschäft in den Kriegsjahren allein. Geld verdient sie als Redaktorin und Gestalterin der Zeitschrift *Jugend-Woche.* Daneben zieht sie ihre Töchter auf, sie sind 1943 und 1944 zur Welt gekommen. Als Honegger sie 1972 verlässt, Freiheit einfordernd und Unabhängigkeit, was sie nicht versteht, gerät sie in eine tiefe persönliche Krise.

Gottfried Honegger. Er ist Lavaters künstlerischer Freund und Lebensbegleiter, auch ihr Schatten. Ihre gemeinsame Wohnung ist Treffpunkt der Zürcher Kunstszene der Fünfzigerjahre – Le Corbusier, Max Frisch, Max Bill –, Warja als Gastgeberin. Er: ein Weltveränderer in seiner Kunst und mit Worten. Sie, bescheiden, zurückhaltend, muss sich nicht in Szene setzen. Sie erzählt präzise, eigenwillig, schöpferisch, indem sie ihre Arbeit macht.

Schöpferisch ist sie schon als Kind, und wie! Sie erfindet Geschichten mit den Prachtfarben der russischen Kuppeln und Dächer, in Athen werden ihr die Fresken der Akropolis lebendig. Sie verschlingt Märchen und entdeckt die Lust, eine alle Sprache verbindende Schrift zu ersinnen, eine neuartige Form von Piktogramm. Ein visuelles Esperanto!

1958, die Familie zieht nach New York, springt der Funke: Die Strassen sind berstend voll von Zeichen, Signalen. Kreise, Rechtecke, Dreiecke, Linien in den «Urfarben». In einem ihrer vielen Werktagebücher hält sie fest: «Bild und Schrift waren identisch, ich hatte gefunden, was ich suchte: den Code.»

Um anzufangen, beginnt sie vorsichtig das bekannteste Märchen, das «Rotkäppchen», und die bekannteste Legende, den «Wilhelm Tell», in kleine Signale umzusetzen. Es folgen Versuche mit japanischen Faltbüchern. Alle Zeichen erhalten eine Bedeutung, gehen über Doppelseiten hinweg auf langen Papierstreifen ihren Gang und erzählen. Die Dimension Zeit erhält eine Form, die Bewegung einen Ausdruck.

Diese «Folded Stories» sorgen für Aufsehen, und «Wilhelm Tell» wird gar von einer Institution verlegt, von der andere Künstlerinnen nicht einmal zu träumen wagten: Das «Museum of Modern Art» veröffentlicht 1962 zwei englische und zwei deutschsprachige Ausgaben. Kaum auf dem Markt, sind sämtliche Exemplare verkauft. Über Nacht wird aus der ersten bedeutenden Schweizer Grafikerin und Illustratorin die freischaffende Papierkünstlerin und «Bildstellerin» Lavater.

Sie erfindet Künstlerbücher, lange bevor das Artist Book erfunden ist: Folded Stories, Pictosonies, Sing-Song-Signs und Imageries nennt sie sie. In Paris werden sie Anfang der Sechzigerjahre, und bis heute, von Adrien Maeght verlegt, auch in

Japan findet das Werk Anklang. Die Schweiz tut sich schwer. Dabei: In den Zeichnungen steigen den Lesenden jedes Kulturraums wie von selbst Figuren und Gesichter entgegen, Fantasie setzt sich in Marsch. Warja versucht sich im Medium Film und entwickelt audiovisuelle Adaptionen. In der Mitte ihres Lebens hat sie sich die Freiheit geschenkt, ihre eigene künstlerische Sprache zu finden. Jetzt ist sie identisch mit der Kraft, die für sie die Urmutter alles Lebendigen ist: die Bewegung.

Die Trennung von Gottfried Honegger – und die Inspiration der Neuen Welt – entfesselt eine Kreativität, die ihr selbst nicht bewusst ist. Im Mai 2007, im Alter von 94 Jahren, stirbt Warja Lavater als Wegbereiterin einer transdisziplinären Kunst.

Warja Lavater (*28.9.1913 in Winterthur, †3.5.2007 in Zürich) war die erste bedeutende Schweizer Grafikerin und eine international gefeierte Illustratorin, Buchkünstlerin und Filmschaffende. Prägend ist ihre frühe Gebrauchs- und Kunstgrafik wie das bekannte Schlüsselsignet der heutigen UBS sowie frühe multimediale Kunst-am-Bau-Werke für die Wasserversorgung Zürich, im Tierpark Langenberg bis heute zu besichtigen. Ihr umfangreicher Nachlass liegt in der Zentralbibliothek Zürich.

Vergessene Grande Dame

Sie war die Stimme der modernen Schweizer Frau: Mabel Zuppinger-Westermann (1897–1978) rettete die *Weltwoche*, erfand die Zeitschrift *Annabelle* und führte sie zum Erfolg. Ihr Privatleben war ein Geheimnis und ihr Tod einsam.

ANNABELLE
ANNABELLE
ANNABELLE

Es ist zehn Uhr morgens, und ihr Markenzeichen kündigt ihr Erscheinen an. Es ist ihr Duft, eine Mischung aus kalter Zigarette und französischer Eleganz, Chanel No. 5, das Parfüm von Welt für die Dame mit Ruf – Mabel Zuppinger. Wie stets trägt sie einen Kaschmirpullover, farblich assortiert die Hose aus Flanell, ihre Erscheinung ist respektheischend, die Stimme dunkel. «Frau Doktor» betritt die Büros der *Annabelle,* und in dem Hof von Hühnern kehrt mit einem Mal Ruhe ein. Jetzt ist nur eine Frage wichtig: Wer wird von ihr als Erster empfangen?

Mabel Zuppinger ist die «Coco Chanel» von Zürich – und vielleicht der Schweiz. Sie fährt von Rüschlikon aus mit ihrem riesigen Mercedes in die Stadt, begleitet von ihren Hunden auf dem Rücksitz. Doch Mabel ist «Coco de Zurich» nicht nur hinsichtlich ihrer Eleganz und ihres Einflusses auf die Schweizerinnen als erste Chefredaktorin der Frauenzeitschrift *Annabelle.* Wie bei Chanel ist auch ihre Herkunft ein Gebräu von Gerüchten und Legenden. Ihre Vita ist eine Heldinnengeschichte, vernebelt durch ein Pseudonym: «Claudine», ein Nom de Plume für die populärste Schweizer Journalistin und Gartenkolumnistin ihrer Zeit.

Gesichert ist wenig in dieser kaschierten Vita. Doch das wenige klingt fantastisch: Mabel fällt vom Himmel wie ein Stern. Er erstrahlt im Dezember 1933 zum ersten Mal an der Gotthardstrasse in Zürich, hier hat die blutjunge *Weltwoche* ihre Redaktion. Die charmante, sprachgewandte Dame führt sich ein als Tochter eines Österreichers in diplomatischen Diensten in Wien; als Fabrikant erfolgreich, verfügte er, dass Mabel bei ihrer Grossmutter in der Schweiz zur Schule geht. Sie ist die Gemahlin des Zürcher Anwalts Dr. Alfons Zuppinger, der die Gründer der *Weltwoche* – die «schwulen Buben» (Hugo Loetscher) Karl von Schumacher und Manuel Gasser – vor dem Bankrott retten soll. Darin hat Mabel Erfahrung, und durch ihre Beziehungen zu Persönlichkeiten aus der Wirtschaft gelingt es, Geld aufzutreiben und das Magazin bis zur nächsten Baisse zu retten. Und Mabel glückt bald noch mehr.

Die Gemahlin mit Hintergrund, die Gattin mit Einfluss, sie wird von Schumacher als Sekretärin an Bord geholt. Weiss der Verleger, welchen Schatz er sich angelt? Die Akquisition der belesenen und beliebten Mabel ist pures Glück. Und als ein Geldgeber der *Weltwoche* Karl von Schumacher davon überzeugt, eine Frauenseite zu gründen, ist klar: Die Sekretärin mit Potenzial ist die ideale Besetzung. Mabel, die bis dato zwar Hunderte von Tagebuchseiten beschrieben, jedoch noch nie publiziert hat, wird über Nacht Redaktorin und mit dem Ressort «Die Frau und ihr Heim» betraut.

Die Redaktion der *Weltwoche,* vier, fünf eingeschworene Idealisten, Individualisten – Mabel Zuppinger wird ihre Seele und ihr Herz. Und auch ihr Bankkonto, von Fall zu Fall. Sie ist, wie Gasser, Minderheitsaktionärin und besitzt acht Prozent der Aktien, von Schumacher verfügt über den Rest. Unter ihrem Pseudonym schreibt sie lebenskluge, liebenswürdige Beiträge über Mode, ihren Garten, über Hunde. Und im Nu ist «Claudine» die Identifikationsfigur der *Weltwoche*-Leserinnen, sie wird im Handumdrehen zum Begriff. Und Manuel Gasser, so munkelt man, hat in der Dame mit Niveau einen Muttersatz gefunden.

Die *Weltwoche* prosperiert, eine Folge von «Claudines» Frauenseiten und natürlich auch des konsequenten Anti-Hitler-Kurses des Magazins. Der Erfolg verführt die Verleger bald dazu, ein vielleicht noch verwegeneres Projekt auszuhecken, als es die *Weltwoche* bereits ist. Von Schumacher und Gasser gründen in Anlehnung an die französische *Elle* 1938 das erste klassische Frauenmagazin der Schweiz, die *Annabelle.* Mabel verantwortet das journalistische Konzept und soll die Leitung übernehmen.

Dann die Schreckensnachricht: Hitler ist in Österreich einmarschiert, in Mabels Heimat! Degoutant, sich jetzt mit banalen Dingen zu befassen wie mit längst verstorbenen Kaiserinnen und leicht verstaubten Vamps! Die designierte Chefin taucht ab. Gerüchte machen die Runde: Verweigert sie von

Schumacher die Gefolgschaft? Erlitt sie einen Nervenzusammenbruch? Tatsache ist: Die ersten Nummern von *Annabelle* erscheinen ohne Beiträge von «Claudine». Doch nach einigen Tagen ist sie wieder zur Stelle und übernimmt die Leitung der Redaktion.

Mabel versteht die *Annabelle* als «Freundin aller Frauen». Ihr publizistisches Credo lautet: «Ich will den Frauen etwas von dem geben, was ihr Leben reicher, froher und glücklicher macht.» Ist sie selber glücklich in ihrer Funktion? Wer sie kennt, hat Zweifel, ahnt, dass ihr Herz wohl lauter für die *Weltwoche* schlägt als für deren Schwester *Annabelle.* Als Karl von Schumacher zu krank wird, um die Geschäfte zu führen, sucht sie einen Nachfolger. Sie ist die treibende Kraft, die es durchsetzt, dass dessen Bruder, Pierre von Schumacher, Direktor der Shell Company in Venezuela, Karls Funktion übernimmt. Doch Zuppingers Leben ist nicht das der *Annabelle*-Klientel, ihre Interessen decken sich nicht mit jenen ihrer Leserschaft. Allerdings, wer weiss mehr als Klatsch über diese öffentliche Person? Das Privatleben der Grande Dame ist und bleibt ihr höchsteigenes, unergründliches Geheimnis.

Mabel wohnt mit ihren Hunden – ihr Mann stirbt jung an Krebs – in Rüschlikon in einer Villa am See, einem Anwesen, das der Familie Schwarzenbach gehört. Dort lebt sie für ihren Garten, den sie in ihren Kolumnen würdigt und in zwei Büchern beschreibt. Es sind für sie «Breviers der kleinen blühenden Welt um uns und des inneren Reichtums, den sie uns schenkt». Sie liebt das Theater, die Oper, ist eng mit Annemarie Schwarzenbach befreundet, so eng, dass deren letzter Brief aus Sils an Mabel gerichtet ist. Zu Zuppingers Vertrauten gehören Schriftsteller, Künstlerinnen wie Annemaries Porträtistin, die Fotografin Marianne Breslauer, Therese Giehse und Marie-Louise «Busy» Bodmer, mit der zusammen sie das Jägerhaus in Sils für Annemarie gerettet hat. Doch Mabel verliert darüber nie ein Wort, Diskretion ist Ehrensache. Und als einmal publik wird, dass unter ihrem Dach der Filmstar Gloria

Swanson genächtigt hat, bleibt auch das von ihr zurückhaltend beschwiegen.

Es ist ein offenes Geheimnis, Pierre von Schumacher und Mabel Zuppinger verstehen sich nicht. Sie, die künstlerisch interessierte Madame, er ein Geologe, der seine Aufgabe darin sieht, die beiden Magazine zu kommerzialisieren. 1959 tritt Mabel von ihren Aufgaben zurück. Und was sie tut, macht eine Dame richtig: Mabel wird nicht mehr im Theater gesehen und nicht mehr in der Oper, sie meidet die Journalistenzirkel, sie schneidet sich ab von der Vergangenheit.

Keine Todesanzeige, als sie stirbt, zwanzig Jahre später, zur Abdankung in der Friedhofskapelle Sihlfeld in Zürich erscheinen sechs Menschen. «Ja, sie ist einsam und leise gestorben», erinnert sich eine ihrer ältesten Freundinnen, Rena Maya Coninx Supino. Doch im Garten ihrer Nachbarin lebt sie weiter, in einer seltenen Orchidee. Mabel hatte sie dem Kind geschenkt, das jeden Morgen auf sie wartete. Es wollte sie stets ein Stück Wegs begleiten, ihre Hand halten, die so süss gerochen hat, dass sie bestimmt nicht von dieser Welt war.

Mabel Gertrud Zuppinger-Westermann (*1.4.1897, †11.11.1978 in Rüschlikon) war Redaktorin und Buchautorin. Sie leitete von 1938 bis 1959 als Chefredaktorin die Frauenzeitschrift *Annabelle.* Zuppinger sicherte das finanzielle Überleben der *Weltwoche,* wo sie 1933 als Sekretärin unter dem Pseudonym «Claudine» zum Journalismus fand. Nach ihrem Austritt aus der *Annabelle* zog sie sich zurück und widmete sich ihrem Herzensthema, ihrem Garten.

Die Ausmerzung

Sie besass Millionen, Kunst war ihr Lebenssinn: Lydia Welti-Escher (1858–1891), Tochter des Eisenbahnkönigs, heiratete einen Bundesratssohn, brach mit einem Maler die Ehe und wurde für wahnsinnig erklärt. Sie war die visionärste Mäzenin ihrer Zeit.

Es ist schwül an diesem Julitag. Im Gewächshaus ist es noch schwüler, zwei Menschen ganz allein, eine Frau, ein Mann, ein Maler und sein Modell. Lydia hat gesiegt, hat den Künstler endlich so weit, wie sie ihn haben will, ungestört für sich. Unbeobachtet von den Bediensteten auf Belvoir, einem Anwesen am Zürichsee auf künstlichem Hügel, ihr Grossvater hat es angelegt, Heinrich Escher. Lydia und Karl, es ist drückend, ein Gewitter ist im Anzug, unabänderlich kommt es von der Stadt her auf sie zu.

Heute muss er sie sehen, wie sie wirklich ist, soll er sie erkennen, denn er wird sie malen: Lydia Welti-Escher, die stolze «Baronin», verheiratet mit dem Bundesratssohn Friedrich Emil Welti, sie ist die reichste Frau der Schweiz – und gewiss die unglücklichste. Ihre Hoffnungen liegen auf Karl Stauffer, dem Maler, Friedrich brachte ihn ins Haus, eine alte Schulbekanntschaft, er hat ihm den Aufbau ihrer Kunstsammlung überantwortet und die Gestaltung des Parks.

Jetzt tut Stauffer, was Lydia will. Sie soll er festhalten, er wird dafür ja gut bezahlt, die fantastische Summe von zehntausend Franken! Was er ahnt: Mit dem Bild wird auch er festgehalten, durch den mäzenatischen Grossmut einer Frau, der willensstarken Tochter von Alfred Escher, des Baumeisters der jungen Schweiz.

Lydia fühlt sich eingesperrt, eingeschnürt in ein standesgemässes Leben, ein goldener Käfig für eine Freiheitsliebende. Die Erwartung, durch die Heirat mit dem Mann ihrer Wahl Unabhängigkeit zu erlangen, hat sich zerschlagen. Friedrich ist zu oft abwesend, eingebunden in «dringende Geschäfte», doch er hat ja Stauffer an seiner statt auf Belvoir eingeführt, den Trubschachener Künstler in Berlin, den ersten Lehrer von Käthe Kollwitz, den sogar die *Neue Zürcher Zeitung* öffentlich rühmt. Stauffer lebt, was Lydia träumt, er hat eine Aufgabe, die Höherem gewidmet ist. Immer wieder hat sie ihrem Seelenverwandten Briefe geschrieben, manche bis zu 24 Seiten lang – sie will mit ihm nach Paris, Rom –, ihren Zustand bejammernd, das leere Leben, die kinderlose Ehe, ihr Dasein «prosaisch», «philisterhaft» und «provinziell».

Ihr Vater hat sich unsterblich gemacht durch grosse Taten wie den Bau des Gotthardtunnels, sie will sich anderswie verdient machen: in ihrem Glauben an das Schönste und Reinste, was das Leben bieten kann, die Kunst. Lydia will ein hehres künstlerisches Ideal realisieren, und dieses trägt das Gesicht und den Namen von Karl. Stauffer träumt von einem Künstlerhaus in Rom und von einem «Gesamtkunstwerk», einem Tempel analog jenem von Paestum, sie will ihn bezahlen und auch den Papst um ein Engagement angehen. Doch nicht Verlangen nach Karl treibt sie an, sondern das Begehren, das Genie, dessen glühendste Verehrerin sie ist, zu grossen Dingen anzuspornen.

Das Gewitter lässt sich nicht aufhalten. Im Juli 1886, Lydia Welti ist 28 Jahre alt, Karl Stauffer ein Jahr jünger, beginnt keine Liebesgeschichte, sondern eine Leidensgeschichte. Das Unwetter, das sich über dem Üetliberg ankündigt, wird sich bald entladen – ein Vorzeichen für den Maler und für sein Modell.

Lydia und die Einsamkeit, das ist ein altes Paar, nicht erst seit der Ehe mit Welti. Auguste Eugo Klementine Lydia Esther kommt am 10. Juli 1858 zur Welt. Ihr erstes Unglück: Sie ist ein Mädchen! Damit fehlt dem Eisenbahnkönig der notwendige Stammhalter, der seine Bemühungen um den Staat in einer nächsten Generation weiterführte. Das zweite Unglück: Lydia ist kaum sechs Jahre alt, als ihre Mutter stirbt. Sie wird von nun an auf Belvoir allein aufwachsen, ihr Vater ein seltener Gast, Erzieherinnen fördern ihr Talent zur Malerei, ihre Leidenschaft.

Bald ist die Tochter Eschers die Gastgeberin grosser Empfänge, der massgebenden Männer von Zürich, der Eidgenossenschaft, unter ihnen dekorierte Generäle, die Söhne Bismarcks. Lydia begleitet ihren Papa bei Geschäftsdingen, seit sie Kind ist, ihr väterlicher Beistand ist Gottfried Keller, er immerhin bringt den leichten Ton mit in das ernste Haus. Die junge Escher wird eine moderne Frau, die nichts hält von der Minderstellung ihrer Geschlechtsgenossinnen. In vielen Briefen wird sie sich dazu aufgebracht äussern.

Doch wie als Frau Selbständigkeit bewahren, das Korsett ihres Standes, die gesellschaftlichen Normen ihrer Zeit sprengen? Die Heirat mit dem Bundesratssohn, hinter den Kulissen gerüchteweise angestrengt von ihrem Vater, hat sich als vergebliche Hoffnung erwiesen. Wäre Stauffer eine neue Möglichkeit, der Enge zu entfliehen? Lange bedacht, schnell getan – und wieder ebnet ihr der Gatte den Weg, sei es Naivität, sei es Berechnung: Er lässt seine Frau in Rom, wohin man im Oktober 1889 umgezogen war, eine Ménage-à-trois, allein mit dem Maler zurück, «dringende Geschäfte» ... und in den Morgenstunden des 11. November 1889, es ist ein Montag, bricht Lydia mit Karl die Ehe. Am folgenden Tag fliehen sie nach Florenz, Lydia, sie will ihrem Gatten zuvorkommen, leitet die Scheidung ein.

Die Folgen sind bekannt, verbürgt in Dokumenten, die von der offiziellen Schweiz teilweise erst kürzlich freigegeben wurden. Im Auftrag von Bundesrat Welti und seinem Freund, Simeon Bavier, alt Bundesrat und diplomatischer Vertreter in Rom, stellt der Direktor des Römer Irrenhauses für Lydia die Diagnose aus: «follia sistematizzata», systematisierter Wahnsinn. Ein Befund, der sich als haltlos erweisen wird – nach Lydias Tod.

Und dieser kommt schnell. Lydia im Irrenhaus und Stauffer in Rom gefangen genommen, beide sind zwar nach wenigen Monaten wieder frei. Doch ihrer beider Leben ist zerstört, die Beziehung zerbrochen. Am 24. Januar 1891 begeht Stauffer in Florenz Selbstmord durch eine Überdosis Chloral; am 12. Dezember 1891 öffnet Lydia in ihrem Haus in Champel bei Genf den Gashahn und stirbt. Doch in den Monaten zuvor hatte sie, vernünftig, wie sie war, eine Kulturpolitik für die Schweiz vorbereitet, die noch heute visionär ist.

Die von offizieller Seite vernichtete Millionärin tritt, trotz allem, der Eidgenossenschaft ihr Vermögen ab. Es hat einen kapitalen Wert und soll in eine Stiftung einfliessen «zum Wohle der Kunst – und der Entwicklung und Förderung der Selbständigkeit des weiblichen Geschlechts, zumindest auf dem Gebiete des Kunstgewerbes». Ihre Stiftung soll angekaufte Kunstwerke auf Schweizer Museen verteilen, als imaginäres Museum oder eine Nationalgalerie. Der Name ihres Werks sei «Welti-Escher-Stiftung», und diese wird sämtliche Schweizer Kunstmuseen wesentlich alimentieren.

Doch ihr Wille wird ein letztes Mal missachtet. Ihre Gründung wird umbenannt zur «Gottfried-Keller-Stiftung», und der emanzipatorische Stiftungszweck bleibt ausgespart. Doch das Schlimmste: Das Werk, dem heute ein Millionenvermögen zur Verfügung stehen müsste – bei der von der Stifterin geforderten und vom Bundesrat akzeptierten Anlagepolitik –, steht durch Misswirtschaft eidgenössischer Behörden heute vor dem Bankrott. Hundertzwanzig Jahre nach ihrem Tod sind die Leistungen Lydias so gut wie getilgt.

Auguste Eugo Klementine Lydia Esther Welti-Escher (*10.7.1858 in Zürich, †12.12.1891 bei Genf) war eine Mäzenin und die Gründerin einer Kunststiftung. Diese trug wesentlich zur Alimentierung von Schweizer Kunstmuseen bei. Teil des Stiftungszwecks war «[...] die Selbständigkeit des weiblichen Geschlechts [...]». Welti-Escher wurde auf Betreiben von Bundesrat Welti, ihrem Schwiegervater, psychiatrisiert und nahm sich das Leben.

Die enteignete Schamanin

Sie war verhext attraktiv und künstlerisch unbeherrschbar, das hatte Folgen: Meret Oppenheim (1913–1985), die Schöpferin der «Pelztasse», wurde zur Surrealisten-Muse stilisiert. Der jugendliche Geniestreich wurde ihr zum Fluch.

Das Mädchen, das Meret Oppenheim für diesen Abend ausgesucht hat, ist hübsch. Nicht so hübsch wie die Zeremonienmeisterin, die bei diesem «Frühlingsfest» das Zepter führt, das Haar millimeterkurz, die Kleidung extravagant. Sie hat, was sie trägt, zwar nicht selber entworfen wie üblicherweise, ein Cape, aus dessen Rückenteil der Schwanz einer Echse lugt, einen Pullover mit Taschen für die Brüste – kein Modehaus wollte ihre Entwürfe realisieren. Dabei hätte Meret das Geld dringend gebraucht. Ihr Look ist Unisex für ein drittes Geschlecht, doch mindestens vierzig Jahre zu früh. So lange wird es dauern, bis Jean Paul Gaultier an der Avantgardistin Mass nehmen wird und damit Modegeschichte schreibt.

Im April 1959 legt Meret Oppenheim in Bern das nackte hübsche Mädchen auf einen hübschen Tisch. Sie bettet es auf Waldanemonen und bemalt es mit Ofenbronze und Vaseline. Und dann beginnt sie zu dekorieren: Kandierte Früchte flicht sie ins Haar, Langusten setzt sie auf die Schenkel, Schlagrahm und Schokolade tupft sie auf eine Brust, Schlagrahm und Himbeeren auf die andere – Zuckerveilchen schmücken alles andere, was noch blank daliegt. Dann muss die alte Kodak her, um das Tableau festzuhalten. Jetzt ist das Mahl bereit, an den Tisch setzen sich männliche und weibliche Gäste. Auf ein geheimes Zeichen hin beginnt man zu essen, mit blossen Händen, am hungrigsten vermutlich das lebende Requisit. Meret Oppenheims «Frühlings-Fruchtbarkeits-Ritual» ist eine exotisch-erotische Caprice.

Doch dabei bleibt es nicht, leider. André Breton hört davon, der Papst der Surrealisten, man kennt sich aus Paris, Merets Anfänge als Künstlerin. Er wünscht sich das Bankett von und auf einer Nackten an der Vernissage der Ausstellung «Exposition inteRnatiOnal du Surréalisme» (EROS) in der Pariser Galerie Cordier. Ob sich das Gelage nicht wiederholen lässt? Sie zögert, hat Bedenken, Bretons Bitte erinnert sie an die Ereignisse um ihre «Pelztasse», vor langer Zeit.

Die «Pelztasse» der damals 23-jährigen Künstlerin, Breton

taufte das Werk umgehend «Déjeuner en fourrure», und der MOMA-Direktor Alfred Barr kaufte es aus der surrealistischen Ausstellung in Paris für zweihundert Franken für seine junge Sammlung. Die Arbeit wurde dem Namen der Schöpferin und ihrer Absicht entfremdet. Es wird den Surrealisten zugeschrieben, es wird ihr meistzitiertes Werk. Mit Folgen für die enteignete Autorin: Sie stürzt in eine Lebens- und Schaffenskrise, die achtzehn Jahre dauern wird.

In Bern, glücklich verheiratet, hat sich Meret endlich aus dem Dunstkreis der durchwegs männlich bestückten Pariser Surrealisten-Stammtische befreit. Sie hat sich von ihrer Vergangenheit, vom fragwürdigen Ruhm als Künstlermuse, abgesetzt und ist ins eigene Land vorgestossen. Sie hat eine eigene Grammatik gefunden für ihr eigenes Werk. Und nun das Begehren Bretons. Widerstrebend gibt sie ihrem Freund die Erlaubnis, ihr Werk für seine Zwecke zu benutzen.

Doch es kommt, wie es kommen muss: In den Pariser Galerieräumen wird ihr leicht gedachtes und gemachtes Frühlingsritual zum bombastischen, bedeutungsschweren Kitsch. Es ist Merets letzte Beteiligung an einer surrealistischen Manifestation. Zu offensichtlich ist die Distanz zur Gruppe geworden. Doch das Etikett einer surrealistischen Künstlerin brennt ihr zeitlebens auf der Stirn.

Früh weiss sie, was sie werden will: Malerin. Der Gedanke ist gross, doch in einem Elternhaus, in dem Künstler ein und aus gehen, naheliegend. Merets Tante, ein Vorbild für das Kind, ist verheiratet mit Hermann Hesse, man trifft sich im Haus von Merets Grossvater in Carona oft. Merets Grossmutter ist die international erfolgreiche Schriftstellerin Lisa Wenger, sie illustriert eines der populärsten und schönsten Kinderbücher der Schweiz, «Joggeli söll ga Birli schüttle». Die Enkelin ist vierzehn, als sie beginnt, ihre Träume aufzuschreiben, durch ihren Vater, einen Arzt, wird ihr die Psychologie von C. G. Jung vertraut. Mit sechzehn zeichnet sie die Gleichung «X = Hase», die später, 1957, in der Zeitschrift *Le Surréalisme, même* mit dem Titel «Le cahier d'une écolière» abgebildet wird. Es ist ein Bild für den Vater, denn er soll erkennen, wie sehr die Tochter doch bereits Künstlerin ist! Die Basler Kunstkreise sind ihr zweites Zuhause, und eine Klee-Ausstellung ist faszinierender als der Besuch des Gymnasiums. Mit achtzehn Jahren, endlich, die Befreiung: Sie reist mit ihrer älteren Freundin und Malerin Irène Zurkinden in die französische Kunstmetropole, nach Paris.

Die beiden trinken sich auf der Bahnfahrt einen Pernod-Rausch an, und, kaum angekommen und noch mit ungewaschenen Händen, stürmen sie die Bastion der Künstler, das «Café du Dôme». Hier – später auch im Kreis um André Breton, im Stammlokal der Surrealisten, im «Café de la Place Blanche» – bahnt sich das Unglück an, das sich zunächst als Glück tarnt: Merets Schönheit, Intelligenz, Lebenshunger und Freiheitsdrang, eine schamanische Mischung, bezirzen die berühmten Männer und gefeierten Kunstgenies. Ihre Bewunderer Alberto Giacometti und Hans Arp überreden sie zur Teilnahme an der Gruppenausstellung im Salon des Surindépendants. Man Ray bittet sie, für Fotografien zu posieren. Die Serie der Aktaufnahmen mit dem Druckerpresse-Rad gilt heute als Jahrhundertleistung, doch trotz Merets wesentlicher Beteiligung nennt sie Ray «Erotique voilée» – und nicht «Porträt Meret Oppenheim». Wie kann die junge Frau in diesem Umfeld eine eigene Stimme werden? Meret beginnt, an Depressionen zu leiden, Gefühle der Minderwertigkeit, die an ihr reissen. Je länger, umso heftiger.

1936, ihre erste Einzelausstellung, in Basel. Max Ernst, sie war kurzzeitig mit ihm liiert, schreibt für die Einladung den Text. «[...] Wer überzieht die Suppenlöffel mit kostbarem Pelzwerk? Das Meretlein. Wer ist uns über den Kopf gewachsen? Das Meretlein [...].» Ja, Meret hat ihre Väter 1936 künstlerisch in den Schatten gestellt, nur vorübergehend zwar, doch einen Donnerhall auslösend mit der «Pelztasse». Billiges Geschirr, überzogen mit chinesischem Gazellenfell, Meret fabriziert, um Geld zu verdienen, Pelzarmbänder für Schiaparelli und entwickelt die Idee spielerisch weiter. Doch die «Pelztasse» wird okkupiert von den Surrealisten als ihr höchsteigener Gral.

Der Fluch des jugendlichen Genies verfolgt die Künstlerin auf ihrem Weg. Aus Paris muss sie weg, wird sie in Bern heimisch? Die Künstlerin wechselt ihre Haut fast täglich, sie zeichnet, malt, modelliert, näht, klebt, fotografiert, schreibt Gedichte. Sie arbeitet an der Aufhebung der Grenzen zwischen Natur und Kultur, Mann und Frau, Traum und Wirklichkeit. Doch ihre Vielseitigkeit wird ihr als Makel ausgelegt, und ihr Werk schwankt zwischen Wut und Depression, ist stolz und verzagt in einem. Ein letztes Mal erhitzt sie die Gemüter 1983 mit ihrem Brunnen auf dem Berner Waisenhausplatz. Ein Schandmal sei er, ein «Pissoir», «Fabrikschlot» – ein «Minarett»!

An ihrem 72. Geburtstag sagt sie, ohne krank zu sein: «Ich sterbe noch mit dem ersten Schnee.» Einen Monat später ist sie tot. Meret bleibt für die Nachwelt die weglose Fährtenleserin des Unbewussten. Erst wenige sehen über den Teetassenrand.

Meret Oppenheim (*6.10.1913 in Berlin, †15.11.1985 in Basel) war Malerin, Objektkünstlerin und Lyrikerin. 1936 schuf sie die Pelztasse «Déjeuner en fourrure», die sie in den Kunstolymp katapultierte. Sie emanzipierte sich von der Surrealisten-Muse und kämpfte für die Anerkennung der Frau als selbständige Künstlerin. 1974 Kunstpreis der Stadt Basel, 1982 Grosser Preis der Stadt Berlin, Teilnahme an der Documenta 7 in Kassel. Ihre Heimatstadt Basel ehrte sie mit dem 2019 eröffneten «Meret Oppenheim-Hochhaus», erstellt von den Architekten Herzog & de Meuron beim Hauptbahnhof.

Unbotmässige Sozialritterin

Sie las dem Bundesrat die Leviten, und auf die Männer pfiff sie, 1969 auf dem Bundesplatz in Bern: Emilie Lieberherr (1924–2011), Eisenbahner-Tochter aus Erstfeld, besass eine Mission und viele Talente – auch jenes, sich unbeliebt zu machen.

Ihr roter Mantel ist weitherum zu sehen. Mit ihm führt sie den Protestmarsch an vom Berner Bahnhof zum Bundesplatz, Menschen, die in Extrazügen angereist sind und ihr folgen bis zur Tribüne. Sie greift zum Mikrofon, und mit fester Stimme verlangt sie, worauf alle warten: «Wir Schweizerinnen fordern das volle Stimm- und Wahlrecht auf eidgenössischer und kantonaler Ebene!» Fünftausend Frauen und Männer jubeln, und sie jubeln noch mehr, als Emilie sie anfeuert: «Nehmt eure Trillerpfeifen und pfeift den Bundesrat aus und die Männer, die nichts für uns tun!»

Das Pfeifkonzert an diesem 1. März 1969, landesweit übertragen im Radio, wird Geschichte machen. Der «Marsch auf Bern» ist der letzte Anstoss zur Realisierung des Frauenstimmrechts. Emilie Lieberherr hat ihn organisiert, durchgesetzt gegen Widerstände der gemässigten Frauen, die als Versammlungsort den Kursaal vorschlugen, die sie kritisieren, da die Protestierenden keine Demonstrationsbewilligung besitzen. Doch stur wie ein Urner Stierengrind und unabhängig, wie nur eine Frau ihrer Herkunft es sein kann, schlug sie die Einwürfe in den Wind. Sie wollte sich Gehör verschaffen mit unkonventionellen Mitteln, der Not gehorchend und keinem Paragrafen, jenseits von Bürokratie, im Namen des gesunden Menschenverstands. Emilie Lieberherr, 45 Jahre alt und parteilos – in Bern führt sie den Marsch an als Präsidentin des Konsumentinnenforums Schweiz –, steht im März 1969 im Frühling ihrer Politkarriere.

Es ist die Laufbahn einer Pionierin: Emilie war das erste Mädchen, das im Kanton Uri eine Matur machte, und sie war die erste Urnerin, die an der Uni studierte. Sie wird 1970 erste Zürcher Stadträtin werden, 1976 die erste Präsidentin der Eidgenössischen Kommission für Frauenfragen, 1978 erste Ständerätin der Sozialdemokraten – und als erste Politikerin wird sie aus der SP auch wieder ausgeschlossen. Mit dem Verdikt «mangelhafte Parteisolidarität». Sie hatte sich, als finales Zeichen abtrünnigen Verhaltens, erfrecht, nicht einen SP-Stadtratskandidaten, sondern einen der FDP zu unterstützen. Und, wer es wissen will, weiss auch das: Emilie Lieberherr ist die erste Schweizer Amtsträgerin, die nicht verhehlt, dass sie mit einer Frau zusammenlebt. Am 1. März 1969, auf dem Bundesplatz, steht ihre Lebenspartnerin, Minnie Rutishauser, in der Menge am Rand. Sie ist im Hause Lieberherr die Frau, Emilie der Mann.

Aufbegehren ist ihr Naturell. Denn das Gen der Aufrührer und Reformer besitzt sie zweifach, mütterlicher- und väterlicherseits. In Erstfeld, dem Knotenpunkt der bahnbrechenden Bähnler, wächst sie auf, auch ihr Vater ist bei der Eisenbahn, engagiert in der Gewerkschaft, interessiert an Politik. Emilie liest bereits als Achtjährige die Zeitung, die auf dem Tisch liegen muss, wenn der Vater vom Dienst kommt. Der Toggenburger aus einer Stickereifamilie, von seiner Mutter angehalten, das brotlose Gewerbe aufzugeben und Maschinenschlosser zu lernen, ist interessiert an allem Neuen. Seine Familie ist die erste am Ort, die einen Fonografen besitzt, später einen Radioapparat, dann gar einen elektrischen Kochherd! Emilies Mutter, ursprünglich aus dem Piemont, ihre Vorfahren sind für den Bau der Gotthardbahn in die Schweiz gekommen, ist eine begabte Schneiderin, sie ist das erste Mädchen im Kanton, das eine Lehrabschlussprüfung gemacht hat. Emilie hat Eltern, die sie in allem fördern und sie verteidigen, wenn sie in der Schule zu laut auf Hitler schimpft, vorlaute Reden schwingt für das Frauenstimmrecht, im Jugendparlament politisiert.

Soll sie als Theologin in Afrika wirken, mit Minnie in die USA auswandern oder doch Rechtsanwältin werden und Frauen verteidigen? Sie entscheidet sich für ein Jurastudium. Doch im Kanton Uri gibt es keine Mittelschule für Mädchen. Also macht sie, die Protestantin, die Wirtschaftsmatur in der Klosterschule Ingenbohl im Kanton Schwyz – und kann sich damit an der Universität Bern nicht immatrikulieren, stellt sie zu spät fest! Der gleichwertige Abschluss des Knabenkollegiums Maria Hilf in Schwyz wird anerkannt … Lieberherr wird diese Ungerechtigkeit zeitlebens ärgern. Statt Jus zu studieren, promoviert sie an der Universität Bern als Ökonomin, als Werkstudentin auf dem zweiten Bildungsweg. Sie schreibt eine Arbeit über amerikanische Konsumentenorganisationen – aus purem Groll über Adam Smith, der dem Verbrauch der Güter zu wenig Beachtung geschenkt habe. Emilie, die Erste, geschult an den Büchern von Simone de Beauvoir, hat *Pfuus* auf der Leitung.

Und sie besitzt einen ausgeprägten Machtinstinkt. Am 14. Februar 1969 wird in Zürich das Frauenstimmrecht eingeführt, und SP-Politikerinnen suchen nach einer Kandidatin für das Amt des Zürcher Stadtrats. Emilie hat als Präsidentin des Konsumentinnenforums Medienerfahrung, hat in Bern bewiesen, dass sie gehört wird ... Doch die Anfrage lässt sie zögern. Einer Partei beitreten, auf Kosten der Unabhängigkeit? Die Freiheit aufs Spiel setzen, sich einen Maulkorb verordnen? Das ist in allem das Gegenteil von dem, was sie will. Doch schliesslich sagt sie zu. Mit blendendem Resultat wird sie im März 1970 als erste Frau in den Zürcher Stadtrat gewählt. Sie übernimmt das Sozialamt – ihr Lebensthema fast ein Vierteljahrhundert lang.

Doch damit hat man nicht gerechnet: Emilie Lieberherr, dominant, charmant, verwaltet ihr Amt nicht, sie stellt es auf den Kopf, baut die Angebote aus, stellt sozialpolitische Forderungen. Und wehe dem, der sich ihr in den Weg stellt! Doch ihr Kampfgeist hat gute Gründe: Die Jugendunruhen der vorangegangenen Jahre klingen langsam aus, da beginnt sich die Drogenszene auf dem Platzspitz niederzulassen. Aids ist das Schreckgespenst, auf das die städtische Drogenpolitik reagieren muss. Allen voran Emilie Lieberherr, sie will neben der Repression, der Therapie und der Prävention einen vierten Pfeiler etablieren, die Überlebenshilfe. 1989 lanciert sie die schweizerische Debatte um die staatliche Heroinabgabe. Sie kämpft für Fixerräume und fordert die ärztlich kontrollierte Abgabe von Heroin an Schwerstsüchtige. Eine Notwendigkeit zwar, doch sie wird erst nach ihrem Rücktritt Akzeptanz finden, landesweit.

Nicht nur in der Drogenpolitik vertritt sie ihre Anliegen mit Sendungsbewusstsein. Wenn sie eines der zahllosen Gemeinschaftszentren eröffnet, testet sie als Stadtmutter zuhanden der Presse auch die Rutschbahn; wenn sie ein Seniorenzentrum einweiht, fünfzehn sind es in fünfzehn Jahren, dann so, dass man sie schliesslich als «Schutzheilige der Alten» – Emilie verachtet das Wort «Senioren» – apostrophiert. Sie ist siebzig Jahre alt, als sie sich aus dem Stadthaus verabschiedet, sie hat auf nationaler Ebene Marksteine gesetzt in der Frauen-, Sozial- und Drogenpolitik. Als «radikales Weib» versteht sie sich, ihr Ruhestand wird ein Unruhestand sein. Öffentlich äussert sie sich immer wieder zu Altersfragen, und öffentlich feiert sie ihre Geburtstage, ein Bad in der Menge, am liebsten in einem Altersheim, das sie ermöglicht hat.

Am 3. Januar 2011 stirbt Emilie Lieberherr in einem Zürcher Pflegehaus, das Totenbett ist mit Rosenblättern geschmückt, Minnie ist bei ihr. Und es ist auch Minnie, seit siebzig Jahren ihre Begleiterin, die die Kondolenzpost öffnet, Briefe, die eintreffen für Emilie, bis heute.

Emilie Lieberherr (*14.10.1924 in Erstfeld, †3.1.2011 in Zollikerberg) prägte die Sozialpolitik der Schweiz. Sie sass von 1970 bis 1994 im Zürcher Stadtrat, bis 1978 als Mitglied der SP, nach Zerwürfnissen mit der Partei kandidierte sie 1982 und 1986 für den Gewerkschaftsbund, 1990 eigenes Komitee; wegen Unterstützung des FDP-Kandidaten für das Stadtpräsidium Ausschluss aus der SP. Lieberherr war von 1978 bis 1983 Ständerätin. Seit 2020 ist ein Platz auf der Höhe der Langstrasse 214 in Zürich nach ihr benannt.

Genossin Grossbürgerin

Der goldene Käfig ihrer Herkunft war ihr ein Gräuel: Mentona Moser (1874–1971) flüchtete in Londoner Suppenküchen, gründete Kinderheime und wurde Kommunistin. Dass ihre Mutter die reichste Frau Europas und ein weltbekannter Fall von Sigmund Freuds Theorie der weiblichen Hysterie war, radikalisierte sie entschieden.

Dieses verfluchte Geld! Sie hasst es. Was hat sie davon? Anstelle einer liebevollen Umgebung und eines warmen Blicks: kalter Luxus. Die Kinderschuhe hat sie wohl ausgetreten, aber kein Ziel vor sich. Nur eines weiss sie, und das mit der Gewissheit einer Tochter des eigensinnigen Heinrich Moser, Uhrenindustrieller und Erbauer des Wasserkraftwerks in Schaffhausen: Sie ist fünfzehn Jahre alt und wird einen Strich unter ihre Vergangenheit ziehen!

Erst gestern überliess ihr Schwester Fanny, Mutters Liebling, das Buch, von dem alle reden, «Trilby» von George du Maurier, die Schauergeschichte um eine junge Frau in den Fängen einer bösen, hypnotischen Macht. Trilbys Schicksal hat sie tief berührt, allein der Einband: Auf leuchtend blauem Hintergrund ist mit feinem Goldstrich ein Kind graviert. Es steht vor einem hohen Portal, hält die vergoldeten Gitterstäbe umfasst, drückt die Wangen dagegen und blickt sehnsuchtsvoll in die Ferne: Das ist sie, Mentona Moser!

Das ist sie, Mentona, eine Gefangene ihrer Geburt und ihres Standes. Goldene Gitterstäbe, ein goldener Käfig, so erlebt sie ihre Jugend. Ihre Existenz, ein Unfall des Schicksals. Als sie am 19. Oktober 1874 in Badenweiler zur Welt kommt, gehen Dienstboten und Pflegerinnen zwar auf Zehenspitzen. Doch nicht die Wöchnerin soll geschont werden: In einem anderen Zimmer der Wohnung liegt Mentonas Vater im Sterben.

Dann ist das Geschöpfchen da, die Mutter betrachtet das Greisengesicht, die grosse Nase, zwischen den Augen zwei tiefe, senkrechte Falten – ein Mädchen. Einen Sohn hat sie sich gewünscht, unbedingt einen Sohn! Baronin Fanny von Sulzer-Wart, 26 Jahre jung, vierzig Jahre jünger als ihr Mann, schämt sich für ihr Versagen. Soll sie dem Sterbenden das Kind für einen Buben ausgeben, um so an sein Vermögen und die Fabriken in Russland zu kommen? Kaum ist Mentona auf der Welt, werden Gerüchte laut. Böse Zungen wollen sogar wissen: Die junge Mutter hat den alten Multimillionär mit Rattengift getötet.

Die Wahrheit kennt nur Fanny. Sie wird einem ihrer zahllosen Psychiater und Medizinier, bei denen sie in ganz Europa Hilfe für ihr «Nervenleiden» sucht, ein Geständnis machen: Sie hat ihre jüngste Tochter gehasst und für den Tod ihres Mannes verantwortlich gemacht. Mentona wegen lag Fanny im Bett und vermochte nicht, den Kranken gesund zu pflegen.

Als der junge, schüchterne Herr aus Wien, Doktor Freud, dies von seiner Patientin hört, macht er sich Notizen. Sie fliessen ein in seine «Studien über Hysterie» und in den Fall der «Frau Emmy von N». Damit ist eine der reichsten Frauen Europas mit einem Schlag das Tischgespräch Europas. Als Fanny davon erfährt, ist sie ausser sich. Sie lässt Freud auf der Gästeliste von Schloss Au streichen und seinen Namenszug im Gästebuch mit einem neutralen Papier überdecken. Mentona nimmt das gesellschaftliche Schlachtfeld ihrer Umgebung mit Verachtung zur Kenntnis.

Nur weg von hier, von Schloss Au, weg vom launischen Regiment der Mutter, die Hof hält, Segantini und Hodler empfängt, Meinrad Lienert, C. F. Meyer, die einen Hofstaat aus Aristokraten und Pseudoaristokraten aus dem wilhelminischen Kaiserreich um sich schart.

Mentona Moser wird später dem Kommunismus anhängen, weil er für sie die einzige Möglichkeit ist, die Privilegien ihrer Herkunft abzugelten. Eine mütterlicherseits adelige und väterlicherseits grossbürgerliche, wohlbehütete, von Gouvernanten erzogene und von Bediensteten umgebene Tochter wird innert weniger Jahre eine Rote der ersten Stunde. Es ist ihr steiniger Weg, um sich als nützlich zu erweisen.

Das, und nur das will sie. Und sie will es mit dem ihr eigenen, in Schaffhausen sprichwörtlichen Dickschädel, dem «Moserkopf». Mentona, mit einem Abscheu für Dekadenz und einem Sinn für Gerechtigkeit, ist eine Frau der Tat.

Den Weg ebnet ihr, unbeabsichtigt, ihre Mutter. Zwischen ihr und der rebellischen Tochter kommt es 1897 zu einer Szene, wie es sie so wüst noch nicht gegeben hat: Mentona soll nun entfernt und nach einem Mädchenpensionat in London-Wimbledon verschifft werden. Ein Unglück? Ach was, Glück ist das, Freiheit heisst das!

In Londoner Elendsvierteln lernt sie kennen, was Armut tatsächlich ist. Kohlenträger, Lumpensammler, junge betrunkene Mütter, unfähig zu lesen und schreiben. Hygienischer Notstand, Bildungsarmut. Jetzt gibt es kein Entkommen mehr vom Ideal einer gerechteren Welt. Sie muss handeln und lässt sich zur Sozialarbeiterin und Krankenschwester ausbilden. Freilich nicht ohne darauf zu verzichten, nach körperlich anstrengender und bedrückender Nachtarbeit tagsüber in die Innenstadt zu entwischen. Sie trifft ihre lebenslustige Freundin, luncht in teuren Restaurants und besucht, in ihrer Pflegerinnentracht, Vergnügungslokale, «auch solche zweifelhafter Art».

Doch Mentona nimmt ihre soziale Mission ernst. 1903 kehrt sie nach Zürich zurück und setzt sich ein für eine moderne Sozialarbeit, gestützt auf ihre kommunistische Weltanschauung. Doch schnell muss es gehen, Leidenschaft kann nicht warten. Im Sturmschritt fegt sie durch Ämter und Behörden, engagiert sich für den Bau von Arbeitersiedlungen und von Spielplätzen. Sie gründet einen Blindenverein, wirbelt und wütet für die Einführung der ersten Betreuungsstelle für Tuberkulosekranke, leitet Fürsorgekurse. 1908 initiiert sie mit Freundinnen die Soziale Frauenschule Zürich – überwirft sich mit den Beteiligten und der Idee allerdings noch vor der Eröffnung. 1919 wird sie Mitglied der neu gegründeten Kommunistischen Partei, 1921 übernimmt sie die Frauenabteilung und zieht in die Parteizentrale ein.

Dass sie 1909 den Sozialdemokraten Hermann Balsiger geheiratet hat, eine Nebensächlichkeit. Vielleicht aber auch mehr: Mentona Moser hat bis zu ihrer Ehe ausschliesslich mit Freundinnen gelebt. Balsiger und seine Partei sind ihr bald einmal zu lau, zu inkonsequent, zu leisetreterisch. Die Ehe wird geschieden, und Mentona zieht fortan ihre Kinder allein auf. Alimente?

Nicht vom Herrn Oberrichter Balsiger. Seine Freunde am Gericht schützen ihn. Ihr Vermögen, das sie nach dem Tod ihrer Mutter erbt, setzt sie ein für die Gründung von Kinderheimen. Auch in Russland, in Iwanowo, baut sie ein solches auf. Idealistisch, naiv, unbelehrbar, starrköpfig.

In Berlin wird sie gebraucht, der Rotfrontkämpferbund wartet. Sie zieht um, gründet einen Schallplattenladen und eine Gefangenenbibliothek. Doch schon sind die Nationalsozialisten da. Will sie am Leben bleiben, muss sie fliehen. 1934 fährt sie zurück in die Schweiz, mittellos allerdings. Sie verarmt.

Doch im Osten hat sie treue Freunde, Genossen und Genossinnen, alte Bekannte, die sie nicht vergessen. 1950 schlägt ihr der erste Staatspräsident der DDR, Wilhelm Pieck, vor, nach Berlin zu übersiedeln. Ein Ehrenbürgerrecht lockt. Sie folgt der Einladung und wird, sie ist 76 Jahre alt, noch einmal aktives Mitglied einer Partei, der SED. Ihr Kinderheim in Iwanowo wird von der Regierung betrieben und hat Kriegswaisen aufgenommen. Mentona Moser ist versöhnt. Mit 92 Jahren stirbt sie im Schlaf in Berlin-Köpenick und findet ihre letzte Ruhe auf dem Zentralfriedhof Friedrichsfelde, der Gedenkstätte der Sozialisten.

Mentona Moser (*19.10.1874 in Badenweiler, †10.4.1971 in Berlin) war eine Vordenkerin der Jugendfürsorgebewegung, der angelsächsisch inspirierten Frauenfürsorgekurse und als überzeugte Kommunistin Mitbegründerin der modernen Sozialarbeit in der Schweiz. Auf ihr Bestreben wurden in Zürich erstmals Kinderspielplätze eingerichtet. Die Anlage an der Lutherstrasse ist der erste Spielplatz, der auf ihre Initiative entstand. Er trägt seit April 2020 offiziell den Namen «Mentona-Moser-Anlage».

Die Sonnenkönigin und ihre Henker

Sie schoss scharf, ritt schnell, duellierte sich – und sie spionierte für den französischen König: Die Berner Adelige Catherine von Wattenwyl (1645–1714) widersetzte sich den Regeln ihres Geschlechts und machte Politik. Kann Folter sie gefügig machen?

Nur Heerführer tragen, was sie trägt, und so will sie der Nachwelt in Erinnerung bleiben: als eine Frau mit Herrschaftsbefugnis und Macht, als Kommandantin. Ihr Oberkörper ist in einen Brustpanzer geschnallt, das Schwert steckt, wo es zu stecken hat, am Gürtel, und über ihren Schultern liegt ein hermelinbesetztes Samtcape. Das ist Catherine von Wattenwyl, 29 Jahre alt, und so kostümiert muss der Maler sie porträtieren. Theodor Roos ist auf ihren Auftrag auf Schloss Liebegg, fünf Tage ist er an der Arbeit, dann ist das Bild fertig, und auf der Leinwand bleibt die Behauptung unwidersprochen: *La reine, c'est moi!* Mit dem Bild wird die Dame, nicht zum ersten Mal, *tout Berne* in Rage versetzen.

Ende April 1674 reist der Maler ab, und sein Modell wendet sich wieder dem Tagesgeschäft zu: Sie füttert die Hühner. Sie pflanzt Blumen. Sie sitzt am Spinnrad. Sie sitzt in der Kirche von Därstetten. Das ist ihr Wirkungskreis, der Dienstbereich einer Frau. Catherine, die jüngste Tochter des Landvogts von Oron, Untertanengebiet der gnädigen Herren von Bern, stammt zwar aus altem Geschlecht, doch verheiratet ist sie mit einem Pfarrer, einem Mann unter ihrem Stand.

Sie hatte keine Wahl damals, eine Waise, seit sie vierzehn Jahre alt ist, ohne viel Geld einem Vormund überantwortet, mit 24 auf dem Heiratsmarkt nicht mehr sonderlich verlockend. Zudem: Es ist ja auch alles zu gross geraten an ihr, die Nase, die Statur, ihr Ehrgeiz. Ein Männerleben wünschte sie sich, die Freiheiten ihrer Brüder und Einfluss auf die Geschehnisse der Welt. Catherine liebte Pistolen stets mehr als Puppen, sass lieber im Pferdesattel als mit der Nadel über dem Nähzeug. Weshalb war ihr verboten, was ihren Brüdern erlaubt war: im Dienst des Sonnenkönigs eine Karriere in seinem Heer antreten oder an seinem Hof? Doch Catherine ist eine Frau, eine Pfarrfrau sogar, und sie lebt im Simmental und nicht in Versailles. Ob Kinder sie glücklich gemacht hätten? Trotz wiederholter Badekuren blieb die Ehe kinderlos.

Die Verheiratung war nicht die erste Herabwürdigung gewesen. Ihre Brüder hatten ihr verboten, das Land zu verlassen, als Königin Christine von Schweden sie an ihren Hof nach Rom eingeladen hatte. Gegen gutes Entgelt! Und auch nach Paris durfte sie nicht fahren, obwohl doch die Freundin bittende Briefe an den Vormund schrieb und sie als Hofdame protegierte. Das Verdikt der Männer war unumstösslich. Man musste die Extravagante disziplinieren. Die junge Catherine galt als Amazone, hatte sich mit einer französischen Hofdame duelliert, prahlte mit ihren Reitkünsten. Und sie durchschoss gar einem pfälzischen General die Schulter, als dieser ihr zu nahe getreten war. Stand solches Verhalten einer Frau zu Gesicht? Waren das Manieren?

Und so entschieden die gnädigen Herren in Bern auch in Catherines Liebesdingen: Sie untersagten ihre Heirat mit dem Mann, den sie liebte, Charles de Diesbach von Freiburg, Hauptmann a. D. der Schweizergarde in Frankreich. Er war Katholik, ein Affront aus Sicht der Berner Mächtigen. Um Catherine zu bändigen, bedurfte es eines Pfarrers, Abraham Le Clerc. Nicht nur die strengen Frisuren- und Kleidervorschriften würden sie zur Vernunft bringen.

Im Januar 1679, sie ist 34 Jahre alt, wird sie Witwe, die Pest hat Abraham dahingerafft. Und wieder ist sie abhängig von der Willkür, vom Ratschluss der Herren in Bern. Auf Wunsch des Dekans stellt man ihr einen Witwer vor, Samuel Perregaux, Gerichtsschreiber im neuenburgischen Valangin. Er bedarf einer Frau mit gutem Namen, die seine Stellung befördern kann. Catherine akzeptiert, was soll sie auch anderes tun? Und obwohl auch ihr zweiter Mann unter ihrem Stand ist – er ist kein Landvogt oder Ratsherr –, entdeckt sie an ihm etwas Verwandtes, etwas, das sie fasziniert: Auch er verehrt Frankreich und alles, was französisch ist, die Lebensart, die Grösse, verkörpert in Louis XIV. Sind das nicht gute Zeichen? Die Hoffnung auf ein mögliches Glück wird noch grösser, als Catherine mit 36 Jahren endlich Mutter wird. Theophil, genannt Theo. Doch was zu Beginn als *bonheur* erscheint, wird in Unglück umschlagen. Verführt von ihrem Willen zur Macht und angestachelt von mütterlichem Ehrgeiz, wird sie die Kontrolle über ihr Leben bald vollends verlieren.

1689 nutzt Catherine von Wattenwyl ihre Verbindungen zu den allerhöchsten Kreisen, um als Agentin zu fungieren: Sie versorgt den Botschafter Frankreichs mit politischen Informationen. Schultheiss Sigismund von Erlach, der höchste Mann in Bern, lässt sie die Regierungsbeschlüsse wissen. Wie sollte man da nicht handeln zum Nutzen des Staats, zum Gedeihen der Beziehungen zwischen Bern und dem Franzosenreich? Frankreich ist Berns wichtigster Handelspartner, und der Mitwisser von Erlach mag sich im Hintergrund halten, sie, eine unverdächtige Frau, wird alles tun, was der Heimat förderlich ist – und auch ihrem eigenen Interesse. Sie will ihren Sohn dem König anempfehlen, denn Geld für eine standesgemässe Erziehung hat sie nicht. Theo soll in seinem Heer eine Ausbildung erhalten, er soll für Frankreich ruhmreich werden, wovon sie selber nur träumen darf. Doch hinter den Kulissen hat jetzt auch sie, endlich, politischen Einfluss.

Doch die Weltgeschichte wendet sich gegen die heimliche Sonnenkönigin. Die Aufhebung des Edikts von Nantes (1685) – Ludwig erklärt das katholische Bekenntnis zur Staatsreligion – lässt die Beziehung zwischen reformierten Orten und Frankreich erkalten. Die Eidgenossenschaft wird von einem Flüchtlingsstrom erschüttert: Abertausende französische Hugenotten, vom König verfolgt; die einst franzosenfreundliche Stimmung kippt ins Gegenteil. Im Dezember 1689 wird Catherine verhaftet, der Spionage angeklagt. Sie wird im Berner Käfigturm verhört und gefoltert. Die Haft dauert mehrere Monate. Wird sie mit dem Tod bestraft? Kein Mächtiger, dem sie vorher verbunden war, wird sich für sie verwenden.

Man schert ihr den Kopf, man steckt sie in ein Büssergewand, ein Kleid aus Sacktuch, wie es Mörderinnen tragen. Daumenschrauben, die Füsse in Eisen und Ketten. Ein Henkersknecht bindet ihr die Hände hinter dem Rücken, zieht sie mit einem

Strick nach oben, an den Fussknöcheln ein Stein von 25 Pfund. Später wird das Seil mit einem Draht umwickelt, und der Stein wird doppelt so schwer sein. Doch Catherine schweigt, niemals wird sie die Namen der Verbündeten nennen! Die Bevölkerung will ihren Tod, «Wölfin!», «Verräterin!», hört man sie rufen. Dann plötzlich wendet sich die Stimmung, und Catherine wird entlassen. Hat ein beschämter Verwandter doch noch seinen guten Namen für die verlorene Tochter eingesetzt, sie vor dem Henker gerettet im letzten Moment?

Catherine ist frei, doch gesundheitlich ist sie gebrochen. Ihr Wille ist es nicht. Sie bezieht einen Spähposten in einem Dorf an der französischen Grenze und berichtet dem König von den Vorkommnissen. Desertion, Getreideschmuggel: Louis XIV ist informiert. Die letzten 22 Jahre lebt sie auf Schloss Valangin, diktiert ihre Memoiren, natürlich zuhanden Seiner Majestät. Am 17. November 1714 ist das Werk vollendet, vier Tage später stirbt sie – nicht ohne mit ihrer Unterschrift dafür gebürgt zu haben, dass ihr Wort ihr eigenes ist.

Catherine von Wattenwyl (*1645 in Oron, †21.11.1714 in Valangin) war eine Berner Adelige und Anhängerin von Louis XIV. Sie wird 1689 als Agentin Frankreichs verhaftet und im Berner Käfigturm gefoltert. Nach der Entlassung Wiederaufnahme der politischen Tätigkeit. 1692 bis zu ihrem Tod Rückzug auf Schloss Valangin. Dort diktiert sie ihrem Gatten ihre «Mémoire» und stirbt im Alter von 69 Jahren. Ihr Leben wird 2004 Stoff für einen Roman von Therese Bichsel.

Seherin unter Blinden

Sie wurde als «Hexe» gebrandmarkt, von den Behörden schikaniert, von der Schulmedizin geächtet: Emma Kunz (1892–1963) heilte hoffnungslose Fälle und forschte mit dem Pendel. Nach ihrem Tod wurden ihre Bilder von der Kunstwelt als Sensation gefeiert.

Emma Kunz

Sie meidet den Weg durchs Dorf. Den geraden Weg. Lieber nimmt sie den Umweg, besser geht sie entlang der Bahnlinie als durch Brittnau nach Hause. Richtung Zofingen muss sie, eine kleine Strecke nur, der Bahndamm soll ihr recht sein. Hier ist sie allein, Emmas Freunde sind die Blumen, und am Damm blühen sie besonders schön. Sie stehen beinah so üppig wie in ihrem Garten, wo die Ringelblumen es ihr lohnen, dass sie mit ihnen spricht. Als ihre Sonnenblumen acht Meter hoch wuchsen, flüsterten die Nachbarn: «Hexe!» und «Kurpfuscherin!», und der Dorfpfarrer schlich nachts ums Haus, um für Emma zu beten.

Sie ist das sechste Kind von zehn, Tochter eines armen Handwebers, der Vater trank sich in den Tod, ging ins Wasser, zwei der Geschwister starben ihm aus Kummer nach. Und sie, die Schülerin, ist sie nicht ein sonderbares Kind? Sie sagt voraus, wer im Dorf sterben wird, unheimlich ist das. Ihr Verhalten ist auffällig, dabei ist sie blitzgescheit. Mit achtzehn Jahren beginnt Emma zu pendeln und die Linien aufzuzeichnen, ganze Rechnungshefte werden mit den absonderlichen Strichzeichnungen gefüllt. Sie nutzt pendelnd ihre seherische Fähigkeit, um Kranken zu helfen, die kein Arzt mehr behandeln will. Doch der nächste Strich ist zu stark für ihre Umgebung: Sie ist neunzehn, legt ihr Erspartes zusammen und fährt nach Amerika. Ihrer Liebe will sie nachreisen, einem Pfarrerssohn.

Nur ein Jahr später ist Emma wieder zurück im Dorf. Eine Seherin, die ihr Glück nicht finden kann? Den Nachbarn kommt das zupass: Man verspottet sie als «Philadelphia», nach dem Ort ihrer Suche; und man spricht von schwarzer Magie, wenn Menschen von ihr geheilt werden. Emma kuriert mit dem Pendel oder mit Pflanzentinkturen, die sie selber herstellt. Das Geld für ihren Unterhalt verdient sie in der Strickerei Künzli in Strengelbach. Heilen ist christliche Nächstenliebe, Lohn dafür will sie nicht. Brittnau ist eng, Brittnau ist hämisch. Doch wohin soll sie sonst?

Es ist der Maler und Kunstkritiker Jakob Friedrich Welti, der auf sie aufmerksam wird. Er ein anerkannter Künstler, sie eine namenlose, dabei hellwache, hübsche junge Frau. Sie hat noch nie ein Buch gelesen, sagt sie, sie liest es, indem sie die Hand darauf legt. Was will er von ihr? Was will sie von ihm? Man trinkt Tee, und Emma erklärt Welti die Welt: Sie spricht von geistigen und energetischen Zusammenhängen und übergeordneten Prinzipien. «Alles geschieht nach einer bestimmten Gesetzmässigkeit, die ich in mir fühle und die mich nicht zur Ruhe kommen lässt.»

Deshalb zeichnet sie, deshalb forscht sie, jedes Bild eine Antwort auf eine Frage. Das kann eine Erkrankung sein, das Treffen Winston Churchills mit Franklin D. Roosevelt oder ein erkenntnistheoretisches Problem. Emma stellt sich vor das Papier, konzentriert sich und lotet mit dem Pendel die Zeichenfläche aus. Seine Bewegungen zeigen ihr, wo sie die Punkte zu setzen hat, wo diese mit Linien zu verbinden sind. Sie weiss, welche Linie dick, mittel oder fein sein soll, mit Bleistift, Buntstift oder Ölkreide zu ziehen ist, wo eine Fläche schraffiert, wo sie auszumalen sei. Jede Form hat für sie eine exakte Bedeutung.

Welti ist fasziniert von ihr. Er lädt sie als Gesellschafterin nach Engelberg ein, in den Sommermonaten. Dort soll sie zeichnen und ihm nichts schuldig sein. Brittnau verlassen? Emma nimmt die Stelle an, weiss sie, was sie erwartet?

Mit wachsendem Selbstbewusstsein beginnt sie mit grossformatigen Zeichnungen auf Millimeterpapier, das ihr ein Geheilter zur Verfügung stellt. Sie hat ihm das Leben gerettet, nun soll die Wundertätige von ihm zeitlebens so viel Papier erhalten, wie sie dessen bedarf. Doch vehement widerspricht sie dem Schwärmer: «Wunder gibt es nicht, alles ist Gesetz.» Was anderen als Wunder erscheint, ist die Folge natürlicher Regeln: Ihr Pendel verstärkt die Reaktion ihres Körpers auf elektromagnetische Felder, es überträgt elektrische Energie in mechanische Bewegung. Emma zeichnet ihre Bilder pendelnd, oft ohne Pause zwei Tage und zwei Nächte lang. Nur das Pendel weiss, wann sie vollendet sind.

Sechzehn Jahre lang lebt sie sommers in Engelberg, dann gibt sie die Stelle bei Welti auf, sie will in Brittnau ohne seinen Schutz weiterarbeiten. Ihre Heilerfolge sorgen für Aufregung: Dem Sekretär von Pater Pio verhilft sie zu neuem Augenlicht, da sie sein Nierenleiden erkennt und kuriert. Sie weiss: «Man muss nicht eine Krankheit behandeln, sondern den Menschen, der krank ist.» Die aufsehenerregendste Heilung geschieht 1942 einem sechsjährigen Jungen, der an Kinderlähmung leidet. Kein Arzt glaubt mehr an Besserung, doch Emma sieht pendelnd, dass ihm ein Heilgestein in seiner Umgebung helfen kann. Sie findet es zwei Tage später, in einem Römersteinbruch in Würenlos: zerriebener Muschelkalk, heute anerkannt als Heilerde «Aion A».

Jetzt werden die Behörden auf sie aufmerksam. Im Kanton Aargau sind Naturheilpraktiken verboten! Der Kantonsarzt tritt auf den Plan, er drängt das Fräulein Kunz aus seinem Hoheitsgebiet. Wohin jetzt? Emma lässt sich in Lungern nieder, in der geistigen Nähe des geschätzten Bruder Klaus. Doch auch im Kanton Obwalden wird sich das Nämliche wiederholen: Die Naturheilerin ist aktenkundig erfolgreich, doch aktenkundig auch bei der Justiz, sie arbeitet in einem gesetzlichen Graubereich. Homöopathie, Magnetfeldtherapie, ganzheitliche Medizin, der Boden ist für Emmas Wissen noch nicht bereit. 1951 der Versuch, im Kanton Appenzell unbehindert arbeiten zu können, sie übersiedelt nach Waldstatt. Hier will sie nicht mehr als Heilerin, sondern vor allem als Forscherin tätig sein. Der Kantonschemiker Franz Decurtins ist ein begeisterter Anhänger ihrer Heilverfahren, in seinem Labor lässt er Medikamente nach ihren Anweisungen herstellen.

Auch Emma steht täglich in ihrem Laboratorium, im weissen Ärztekittel, ihr Pendel als treuster Begleiter. Sie weiss, dass ihr zugedacht ist, «meine Erkenntnisse auf anderem als dem naturwissenschaftlichen Weg zu sammeln». Im Dorf ist sie wohlgelitten, doch man konstatiert skeptisch die Besucher in Emmas bescheidenem Haus: Es sind nicht nur einfache Menschen, sondern auch hohe Militärs, Politiker, Vertreter der Industrie. Schriftlich deuten will sie ihre Zeichnungen nicht, und als ein Basler Chemiker mit einem Tonband erscheint, weist sie ihm die Tür.

Sie ist 71 Jahre alt, als sie erkennt, dass sie an Krebs erkrankt ist. Vier Monate bleiben ihr noch. Sie zeichnet ihr letztes Bild, eine einfache Pyramide, dann ist ihre Forschung abgeschlossen, sie bereitet sich auf den Übergang vor. Noch einmal spitzt sie die Buntstifte, noch einmal geht sie durch ihren Garten.

Später geschieht, was Emma voraussah: Zehn Jahre nach ihrem Tod eröffnet das Aargauer Kunsthaus eine Ausstellung mit ihren Zeichnungen. Kunstexperten sind verblüfft, Psychologen reiben sich die Augen, Astronomen wundern sich. Diese Künstlerin scheint vom Himmel gefallen, so eigenständig und visionär ist ihr Werk!

Harald Szeemann zeigt Emmas Bilder zusammen mit Arbeiten von Joseph Beuys und Rudolf Steiner. Er nennt sie «Richtkräfte für das 21. Jahrhundert».

Emma Kunz (*23.5.1892 in Brittnau, †16.1.1963 in Waldstatt) war Heilpraktikerin, Forscherin und Künstlerin. Als Naturheilerin entdeckte sie 1942 in einem Steinbruch in Würenlos das Heilgestein «Aion A», heute ein notifiziertes Arzneimittel; als Künstlerin schuf sie mit ihrem Pendel Bilder, die als visionär gelten und international ausgestellt werden. Emma Kunz ist die erste Frau, die – 1993 – von der Eidgenossenschaft mit einer Briefmarke geehrt wurde.

Wirkungslose Weckruferin

Sie wollte ihre Hände nicht in Unschuld waschen, sondern klärte die Welt über die Gefahr von Giftgas auf: Die Berner Biochemikerin Gertrud Woker (1878–1968) machte sich Feinde auf dem internationalen Parkett und verlor ihre Reputation als Wissenschaftlerin.

Flammenmeere, und sie mitten darin. Tote, Sterbende, Menschen mit blauen, gedunsenen Gesichtern, mit blutigem Schaum vor Nase und Mund. Lungenödeme, der Erstickungstod kann Wochen dauern. In den Schützengräben sterben die Männer, in den Städten die Frauen, die Kinder – und sie, Gertrud, hat ihren Tod nicht verhindert! Blausäure, Phosgen werden noch immer als Kampfstoffe eingesetzt. Wird man sie für ihr Versagen nach Vietnam schicken? Wird man sie in Vietnam zum Schweigen bringen? Sie träumte davon letzte Nacht. Öffentlich wird man sich rechtfertigen, dass das Fräulein Professor Woker an seinem «Verfolgungswahn» gestorben sei, unheilbar bis ins hohe Alter, unbelehrbar sowieso.

Ein Leichtes, sie aus der Nervenheilanstalt verschwinden zu lassen, sie unschädlich zu machen zum Schluss. Ob sich Albert Schweitzer für sie verwenden würde oder der neue amerikanische Präsident, mit welchen sie in Briefkontakt steht? Kennedy wohl kaum. Als Mitbegründerin der Internationalen Frauenliga für Frieden und Freiheit – in der Zwischenkriegszeit die einflussreichste pazifistische Frauenorganisation – schrieb sie ihm eine Philippika, forderte ihn auf, seine Atomversuche zu stoppen, warnte vor deren «nicht voraussehbaren Konsequenzen». «Weltzerstörer» nannte sie früher die Militärs, «Volksbetrug» lastete sie ihnen an.

Sie ist 89 Jahre alt und wird noch immer zu Vorträgen in der ganzen Welt eingeladen. 1965 besuchte sie in Den Haag den Internationalen Frauenkongress, behelmt mit ihrem braunen Kapotthut, politisierte sie ein letztes Mal gegen die Demagogen, die von einer «humanen» Kriegsführung redeten. Doch der Kampf gegen Windmühlen hat sie kraftlos gemacht. Gertrud hat sich aufgerieben in ihren biochemischen Forschungen als Professorin am Institut für physikalisch-chemische Biologie an der Universität Bern. Sie ist entkräftet durch ihren lebenslangen Kampf für ein Verbot aller Chemie- und Giftgaswaffen, später durch ihren Widerstand gegen «die entfesselte Macht des Atoms». Und sie ist ermattet in ihrem publizistischen Gefecht. Es sind Streitschriften – international angezweifelt wie gefeiert –, erschienen in mehreren Auflagen, als Replik etwa auf Präsident Johnson, der verkündete, dass das in Vietnam versprühte Nervengas harmlos sei und auch von amerikanischen Polizisten in ihren Gewehren benutzt würde ...

Erfolglos alles, erfolglos ihr Widerstand. Ist sie darüber wahnsinnig geworden, leidet sie tatsächlich, wie ihre Gegner sagen, an Verfolgungswahn? In Vietnam wird wieder gestorben, noch grausamer als in Korea, als im Zweiten Weltkrieg, als in Russland im ersten grossen Krieg. Die Menschen haben ihr Paradies in eine Hölle verwandelt. Warum? Wieso?

Träumt sie in ihrer letzten Nacht in Vietnam ihren Tod vorweg? Oder geht ihre Reise zurück nach Bern und in die Kindheit?

Im Umkreis des Elternhauses gibt es Grün, nichts als Grün: die saftigen Wiesen, den dunklen Wald und die hohen Alleen, die vom äusseren Wankdorf in schnurgerader Linie ihren Weg in die Stadt ziehen. Gertrud klettert auf Bäume, beherbergt Frösche im elterlichen Kamin, züchtet Raupen und weiss früh, dass sie Naturforscherin wird. Sie besitzt einen Freiheitsdrang und ein grosses Rechtsempfinden. Sie hadert mit der Schuldisziplin, sie sperrt sich überhaupt gegen vormundschaftliche Einengung jeder Art, im Unterricht muss sie Strafsätze schreiben, zehnmal dieselben: «Ich habe die Hauptsache vergessen.» Oder: «Ich gaffe fortwährend im Zimmer umher.»

Was «die Hauptsache» ist, das weiss Gertrud, unruhig, unfügsam, besser als die Lehrerin. Und auch, dass das «Gaffen» wichtig ist. Ihr Freiheitsdrang kommt von tief innen: Gertruds Tante, verheiratet mit Bundesrat Eduard Müller, hat sich um die Jahrhundertwende an der Gründung des ersten kantonalbernischen Frauenvereins, Berna, beteiligt. Und rettungslos verdächtig ist die Tante, seit sie mit ihrer Hausangestellten den Dienstbotenverein gegründet hat.

Gertruds Grossmutter mütterlicherseits ist als Tochter eines

Dresdener Arztes das politische Familienoberhaupt; sie lebt für die freisinnige Sache und lehnt jedes Vorrecht der Männer ab. Wie kann Philipp Woker, Gertruds Vater und Berner Professor für Kirchengeschichte, den Wildfang von Tochter nur zähmen? Er kann, indem er gewähren lässt. Die Frührebellische zeigt ihren Willen gegen den Vater, indem sie sich weigert, der von ihm gegründeten christkatholischen Gemeinde beizutreten. Ein gesellschaftlicher Affront, ein Eklat. Und eine Warnung, dass mit dieser Person zu rechnen sei.

Eine aufgeschlossene Familie – und bildungshungrige Frauen, die ihr vorstehen: Gertrud studiert ab 1898 in Bern organische Chemie und promoviert 1903 in allen sieben Prüfungsfächern summa cum laude. Sie ist die erste Schweizerin, die im Fach Chemie einen Doktortitel trägt, und in ausführlichen Notizen im *Bund,* in der *Berner Zeitung,* im *Eidgenössischen Zentralblatt* wird sie dazu beglückwünscht.

Doch alles, was die Ehrgeizige im Folgenden will, wird weder von ihrer Familie noch von ihren Wissenschaftskollegen gebilligt werden: Gertrud Woker ist interessiert an den modernsten Forschungsmethoden im Fach Biochemie und will sich im Ausland weiterbilden. Berlin, die erste Station, Gertrud gerät ins Zentrum der Frauenbewegung – und damit ist sie fortan für alle bürgerlichen und universitären Karrieren verloren.

Sie wird Teil der «Fräuleinbewegung», der «Revolution der Entarteten, Heiratsunfähigen, der verbissenen und versauerten Jungfern», so wird gespottet. Welche Menschenverachtung, ihr Rechtsempfinden lodert hell! Im Weltbund für das Frauenstimmrecht hält sie Vorträge zu Frauenfragen – vor allem aber findet sie seit dem Ersten Weltkrieg auf internationalen Kongressen flammende Worte im Kampf gegen das Giftgas. Die Chemikerin weiss, wovon sie spricht, kennt die wissenschaftlichen Hintergründe und biochemischen Wirkungszusammenhänge. Sie ist davon überzeugt, dass die frühe Spezialisierung im Chemiestudium die Studierenden nicht nur um den notwendigen Überblick, sondern auch um das notwendige Verantwortungsgefühl bringt.

Ihre Stimme ist am lautesten in der Internationalen Frauenliga für Frieden und Freiheit, die den Ersten Weltkrieg über die Einberufung einer Vermittlerkonferenz der neutralen Länder zu beenden versucht. Vielleicht steht Gertrud Woker dort auf dem Höhepunkt ihrer öffentlichen Wirkung: Ihre Vorschläge sind die Basis des Friedensprogramms von Präsident Wilson. 1952, ihr letzter Erfolg: Sie darf vor der Uno eine Stellungnahme zu den Kampfmethoden im Koreakrieg abgeben. Erfolg? Keine ihrer Forderungen findet Beachtung.

Sie ist seit kurzem interniert in einer psychiatrischen Klinik, sie ist 89 Jahre alt am 13. September 1968, an ihrem Sterbetag. Kurz vorher hat die US-Luftwaffe in Vietnam unter Anordnung von Kennedy damit begonnen, Giftgase als Entlaubungsmittel einzusetzen. Wenig später wird es Agent Orange sein. Sechs Jahre lang wird der Todesregen dauern. Gertrud Woker, ungehört, hatte vor den Folgen gewarnt: Hunderttausende Menschen werden ihre Gesundheit verlieren oder ihr Leben.

Gertrud Woker (*16.12.1878 in Bern, †13.9.1968 bei Neuenburg) war Biochemikerin, erste Privatdozentin für Chemie im deutschen Sprachraum und Friedenskämpferin. Sie mahnte ab 1918 auf internationalen Konferenzen Anstrengungen gegen den Giftgaskrieg und die nukleare Gefahr an und veröffentlichte Aufklärungsschriften gegen die Kriegsmethoden in Korea. Ihre Bücher, die zum Teil neun Auflagen erreichten, wurden in der Nazizeit verbrannt. Woker erlitt einen gesundheitlichen Zusammenbruch zum Zeitpunkt der Eskalation in Vietnam und starb im Alter von 89 Jahren in der Nervenheilanstalt Préfargier bei Neuenburg.

Tollkühne Weltstürmerin

Annemarie Schwarzenbach enttäuschte sie, auf Expeditionen spielte sie mit ihrem Leben: Die Nomadin und Spitzensportlerin Ella Maillart (1903–1997) jagte durch verbotene Gebiete Asiens und fand am Ende, was sie suchte, in einem Bergdorf im Wallis.

Jetzt gehört es ihnen, dieses Land mit den riesigen Bergen, seinen Ruinen, so alt wie die Welt! Niemand mehr hält sie davon ab, das Gebiet der Afghanen zu durchqueren. Eisige Flüsse, tiefer Frieden, famose Abgeschiedenheit – und was für ein prächtiges Volk! Toll vor Freude rumpeln die beiden Frauen in Annemaries Ford Roadster durch die Wüste, stossen ein Triumphgeheul aus, beglückwünschen sich, lachen wie Verrückte. Ist das Leben nicht schön?

Es ist Juli 1939, Ella Maillart und Annemarie Schwarzenbach haben ihr Ziel erreicht. Nach einer Autoreise durch den Balkan, die Türkei sind sie in Afghanistan angekommen. Ethnologische Forschungen über das nomadische Leben hat Ella sich vorgenommen, in Nuristan, einer abgelegenen, kulturell einzigartigen Region. Im Gepäck ist ihr Fotoapparat sowie eine Kamera für Schwarzweiss- und eine für Farbaufnahmen; sie will Artikel für Zeitungen und Zeitschriften verfassen, sie soll Filme drehen, sie muss ihren Lebensunterhalt verdienen – und Annemarie? Unter der Obhut der älteren Freundin will jene sich von ihrer Morphiumsucht befreien.

Annemaries Hoffnung ruht auf Ella, Tochter eines begüterten Genfer Pelzhändlers, Ella – die Wilde, Unabhängige, die Sportliche und Disziplinierte auch. Mit sechzehn Jahren gründete sie einen Landhockeyklub, den ersten Frauenklub der Westschweiz. Segeln ist ihre Leidenschaft, ein Jahr vor der Matura bricht sie die Schule ab, sie will mehr Zeit für ihr Training haben. Nur hart erkämpfte Siege gelten: als Seglerin im Schweizer Olympiateam 1924, als Mitbegründerin des Schweizer Damenskiklubs, als Mitglied der Schweizer Nationalmannschaft an mehreren Skiweltmeisterschaften. Sie erfindet sich immer neu in verschiedenen Berufen, als Sekretärin, Künstlermodell oder Stuntfrau für die Berliner Ufa: In Bergfilmen riskiert sie ihr Leben, seilt sich von Felswänden ab, flüchtet über Gletscherspalten ... Wie kann Annemarie Schwarzenbach von dieser Frau nicht gefesselt sein?

Reisen heisst für Ella die Welt erobern, ihr Erbe in Besitz

nehmen. Seit Veröffentlichung ihres Berichts aus der Sowjetunion 1932 ist sie als Reiseschriftstellerin bekannt. Für die französische Zeitung *Le Petit Parisien* reist sie 1934 über die von Japan besetzte Mandschurei nach China. Dort trifft sie den Korrespondenten der *Times,* Peter Fleming, und mit diesem beschliesst sie das Ungeheuerliche: Von Peking aus will sie Indien erreichen!

Ella kennt das Karawanenleben, sie hat es bereits im sowjetischen Turkestan erprobt. Doch diese «verbotene Reise» ist noch waghalsiger als jene. In einzelnen, gesperrten Gebieten herrschen Unruhen, Generäle bekämpfen Warlords, Warlords bekämpfen Räuberbanden. Nichts wird gesichert sein unterwegs, das Leben der Abenteurer in der Hand des Schicksals liegen, und dieses ist so wechselhaft, dass die kurzlebigen Republiken der Gegend ihre Währung auf Maulbeerrinde drucken.

Dennoch will Ella das Halsbrecherische wagen: von der chinesischen Küste zum mongolischen Indien, sechstausend beschwerliche Kilometer auf Pferden, Kamelen und zu Fuss, durch Salzwüsten, Sandwüsten, Sumpfplateaus über die Gebirgsketten des Pamir und des Karakorum. Sieben Monate wird die Expedition dauern. «Eine Reise, in der nichts passiert, doch dieses Nichts wird mich ein Leben lang erfüllen», sagt sie danach.

Vier Jahre später, 1939, heisst Ellas Reisebegleitung also Annemarie Schwarzenbach. Eine «Reifeprüfung» hat sich die Jüngere vorgenommen, Nächte im Schlafsack auf blosser Erde, unterwegs in einer Welt aus Steinen, Staub und Hitze. Afghanistan soll sie ermutigen, von den Drogen zu lassen, ein stolzes Land, das noch nie unterjocht wurde, eine Schweiz Asiens, ein Pufferstaat ohne Kolonien und ohne Zugang zum Meer, hohe Berge, die fünf Stämme schützen, «einfache Bergmenschen und wohlerzogene Städter», malt Ella der Freundin aus. Doch die Zeichen für ein glückvolles Unternehmen stehen schlecht.

Europa lebt in Vorahnung des Kriegs, doch die beiden Reisenden erfahren unterwegs nur Vages. Als erste Frauen befahren sie im August 1939 von Herat aus die Nordroute nach Masare Scherif und erreichen nach etwas mehr als drei Wochen über den Hindukusch Kabul. Und das Unfassbare geschieht: Bei ihrer Ankunft bricht der Zweite Weltkrieg aus. Annemarie flüchtet sich wieder in Drogen, für Ella ein Vertrauensbruch, die «Reifeprüfung» ist gescheitert, die Wege der Freundinnen trennen sich.

Auch die finanzielle Ausbeute der Afghanistan-Reise wird für Maillart zur Enttäuschung. Nur wenige ihrer Artikel werden gedruckt, die politischen Umstände verlangen nach anderen Themen. Immerhin: In der Grenzregion von Afghanistan dreht sie die letzten Szenen ihres Films, der mit ihrem Kommentar unter dem Titel «Nomads of the Frontier» am 17. September 1940 in Bombay uraufgeführt wird. Die Reiseschriftstellerin und Reisefotografin avanciert mit dieser und weiteren Produktionen zur Filmpionierin.

Das Afghanistan-Erlebnis mit Annemarie hat auch innere Konsequenzen: Ella bleibt in Indien, dann geht sie nach Tibet, sie sucht Einkehr, will die gescheiterte Reise in einem Buch aufarbeiten. Annemaries Mutter, die Tochter des Generals Wille, wird später auf Streichung sämtlicher kritischer Passagen bestehen. In Indien entdeckt Ella das meditative Leben. Reisen wozu? Was wäre reisend zu finden, was zu verlieren? Sie besinnt sich, dass sie fern vom «tobenden, fiebernden Europa» unterwegs sein wollte, um ihr Innerstes zu erforschen. War ihre Suche «nach einem im paradiesischen Urzustand lebenden Gebirgsstamm» nur ein Vorwand, um der Rastlosigkeit zu entrinnen, die sie in ihrer Heimat ergriffen hat? Sie will Ruhe finden und Frieden. «Weite muss in uns sein, sie kann nur in uns sein, denn sonst würde es sich nur um ein geographisches Mass handeln.»

Am 7. Mai 1945 kapituliert Deutschland, der Krieg ist zu Ende, wenige Tage später ist sie in Genf. Nach fast dreissig Jahren im Ausland ist sie in die Schweiz zurückgekehrt. Ihre Bücher, Reportagen, Diavorträge sind inzwischen so einträglich, dass sie sich davon ein kleines Chalet bauen lassen kann – im menschenscheuen, weltentlegenen Walliser Bergdorf Chandolin. Verwitterte Holzhäuser, Arven, Lärchen, eine wild-erhabene Landschaft auf zweitausend Höhenmetern, ist es die Erinnerung an Tibet, die sie Wurzeln schlagen lässt zum ersten Mal? «Atchala» tauft sie ihre Behausung, nach einem heiligen Berg in Südindien, in ihrem Garten pflanzt sie den blauen Mohn Tibets. Vom ersten bis zum letzten Schnee wohnt sie hier, die andere Jahreshälfte ist sie unterwegs, organisiert Kulturreisen, führt auch Reisegruppen, am liebsten nach Asien. Ihre Reiseberichte werden in mehrere Sprachen übersetzt und gelten als Klassiker des Genres.

Die Sprache des Herzens ist auf allen Breitengraden dieselbe, stellt sie in Chandolin fest, und die Bewohner nehmen sie als eine der Ihren auf. Ella Maillart stirbt im Alter von 94 Jahren. Noch einen Tag vor ihrem Tod sitzt sie an ihrem Lieblingsplatz unter dem weiten Walliser Himmel, beim Wegkreuz auf dem «Calvaire». Ihr Leben war ein Fest des Aufbruchs. Jetzt hört sie, was sie suchte, hier ganz klar – die Stille.

Ella Maillart (*20.2.1903 in Genf, †27.3.1997 in Chandolin) war Olympia-Seglerin, Stuntfrau, Reiseschriftstellerin und Fotografin. Sie bereiste 1932 Russisch-Turkmenistan, fuhr 1935 von Peking nach Kaschmir durch verbotene Gebiete Zentralasiens und 1939 mit Annemarie Schwarzenbach von der Türkei nach Indien, wo sie bis 1945 blieb. Später lebte sie im Wallis auf 2000 mü.M.; ihre Bücher «Verbotene Reise» und «Turkestan Solo» sind Klassiker der Reiseliteratur.

Die letzte Hexe

Am Punkt ihrer grössten Desillusion floss ihre Wut in eine Streitschrift: Die Juristin Iris von Roten (1917–1990) wurde mit «Frauen im Laufgitter» zur meistgehassten Schweizerin ihrer Zeit. Sie erhängte sich. Heute gilt sie als Missing Link zwischen Simone de Beauvoir und Betty Friedan.

In der Nacht hat jemand an die Wand ihres Hauses am Basler Heuberg zwölf «Hure» gesprayt. Eine anonyme Männergruppe fordert, man solle ihr mit tüchtigen Schlägen auf ihren blossen Hintern Vernunft in den Leib prügeln. Basler Fasnachtscliquen machen sie im Frühling 1959 zum Gespött, ihr Sujet stellt sie dar als peitschenschwingende Domina. Und das «Suf-Rageten-Blatt», die Fasnachtsbeilage der *National-Zeitung* verspricht Neuabonnentinnen und -abonnenten ein Gratisexemplar eines Buches mit dem Titel «Wie vergewaltige ich meinen Mann». Geschrieben von einer gewissen Iris von Roten.

«Frauen im Laufgitter. Offene Worte zur Stellung der Frau» heisst das Werk in Wahrheit. Ihre Autorin ist die am meisten gehasste Frau der Fünfzigerjahre. Der Stein des Anstosses: Iris von Roten, Journalistin und Juristin, hat eine 564 Seiten lange, furiose, persönlich gefärbte wie wissenschaftlich fundierte Analyse zur wirtschaftlichen und politischen Rechtlosigkeit ihres Geschlechts in der Schweiz verfasst. Die Publikation wird von Feministinnen später als Bindeglied gewertet zwischen «Das andere Geschlecht» (1949) der Französin Simone de Beauvoir und dem ersten Buch der Amerikanerin Betty Friedan, «Weiblichkeitswahn. Ein vehementer Protest gegen das Wunschbild der Frau» (1966).

Das Erscheinen von Iris' Buch im September 1957 ist Anlass für eine Hetzkampagne, die in der modernen Schweiz beispiellos ist. Angeheizt von den Medien und Stimmführern im Parlament soll die wortgewaltige Juristin, die «Hysterikerin», «Fanatikerin», die «Kuh, die zum Melken im Stall bleiben soll», moralisch und persönlich zerstört werden. Vernichtet. Ausgelöscht.

Der Todesstoss folgt aus den eigenen Reihen. Der Bund Schweizerischer Frauenvereine, von Rotens einstiger Arbeitgeber, fällt ihr mit einem öffentlichen Communiqué in den Rücken: «Die in diesem Werk vertretenen Ansichten stehen im krassen Widerspruch zu den ethischen Zielen der schweizerischen Frauenorganisationen.» Die Distanznahme zur eigenen Schwester ist unmissverständlich.

Im Februar 1959, kurz nach dem Erscheinen des Buches, wird der männliche Teil der Schweiz das Stimm- und Wahlrecht der Frauen abschmettern. Verliererinnen wie Gewinner feixen: Die von Roten hat Schuld, sie und ihr Werk!

Das Werk, dieses Werk. Den Schreibanlass benennt die Verfasserin glasklar bereits im ersten Satz: «Hier ist das Buch, das ich mit zwanzig Jahren gerne gelesen hätte, aber nicht fand.» Mit Grund fand sie es damals nicht. Keine andere Publikation hat in der Geschichte der neueren Schweizer Literatur und Wissenschaft je einen ähnlichen Volkszorn entfacht. Dabei benennt Iris von Roten nichts als die Wahrheit.

Bis heute ist es schwer zu ertragen, was sie schreibt, polemisch, geistreich, von Ironie getränkt, von der Lust an der Pointe beflügelt – doch immer witzig: die Frau, dargestellt als staubwedelnder, geschirrklappernder Zierrat der Männer. Ihre Rolle beim Geschlechtsakt: unerheblich. Ihre Menstruation: der Beweis ihres Minderwerts. Unangenehm zu lesen, dass die stillende Frau «ein lebendiger Futterschlauch» sei, dass Hausarbeit «Zwangsarbeit» entspreche. Ehe sei ein männlicher Trophäenschrank, die Frau habe im «sozialen Schaufenster des Ehemannes das Prachtmöbelchen mit dem Täfelchen ‹verkauft›» darzustellen. Die Zornige bemüht gerne den Diminutiv für weibliche Zuschreibungen.

Doch am liebsten sind ihr: mutige Sätze. Und Ausrufezeichen! Von Roten postuliert Unerhörtes, Ungehöriges. Sie fordert freie Liebe, eine offene Ehe und – natürlich – gleiche Rechte für Frau und Mann. Was immer sie für ihr Geschlecht verlangt und als kategorischen Imperativ benennt, in der Beziehung mit ihrem Mann – und als Mutter einer Tochter – lebt sie all das kompromisslos und konsequent.

Sie ist gleichberechtigte Partnerin in der Anwaltskanzlei mit Peter von Roten und sie hat sich per Ehevertrag von den mütterlichen wie den fraulichen Ehepflichten entbunden. Die Eltern ihres Mannes, ein christlich-konservativer Patrizier aus der «Männerhölle Wallis», Jurist und Politiker, sind über das Karrieregift Iris und die Mesalliance ihres Sprosses entsetzt.

Über zehn Jahre sitzt Iris von Roten an den «Frauen im Laufgitter». Ihr gesamtes Wissen über Psychologie, Soziologie und Sexualkunde verdichtet sie, schreibt, verwirft, beginnt neu, zweifelt – ganz so, als hätte sie den Ausgang geahnt: «Wenn ich nur die Kraft habe, das Buch zu Ende zu schreiben. Wenn schon zu Grunde gehen, dann unter Protest», bekennt sie ihrem Mann in einem ihrer vielen Briefe an ihn. Da sitzt sie erst zwei Jahre über dem Buch, es werden schliesslich nochmals acht Jahre dazu kommen. Als «Frauen im Laufgitter» 1958 erscheint, das Land eine Feindin ausgemacht hat, ihre Schwestern eine Verräterin in ihr erkennen, nimmt sie, so scheint es zunächst, ihr Todesurteil gelassen entgegen.

Iris von Roten hat den Kampf für Frauenrechte im Blut. Ihr Nom de guerre verschleiert, dass sie, Iris Meyer, gutbürgerliche Tochter eines Rapperswiler Fabrikdirektors, auf erhebliche Vorfahrinnen zurückblicken kann: die Frauenrechtlerinnen Hortensia Gugelberg von Moos und Meta von Salis-Marschlins. Ihr Lieblingsonkel ist Adolf Guggenbühl, ein Spross der Verlegerfamilie Guggenbühl-Huber, die den *Schweizer Spiegel* herausgibt. Er rät ihr, Jurisprudenz zu studieren. Iris, eine schöne Frau, kurzes Haar, lange Hosen: Selbstverwirklichung in allen Lebens- und Liebesdingen ist oberste Maxime und innere Pflicht.

Dieses Pflichtgefühl schützt sie vor einer dunklen, schweren Seite. Dem Gefühl der Sinnlosigkeit ihrer Existenz. Sie ist 24 Jahre alt, als sie einem Bekannten anvertraut: «Mein ganzes bisheriges Leben kommt mir vor wie ein ungeheurer Kampf gegen den Selbstmord.» Sie verlangt von sich, schon als Junge, ein «Erbe zu hinterlassen», eine Tat zu tun, «etwas».

Dieses «Etwas», ihre Analyse der «Frauen im Laufgitter», hat paradoxerweise Erfolg. Die Skandalisierung mag mitgeholfen haben. Die erste Auflage ist in kaum elf Wochen ausverkauft.

Ist der Verlag kaltblütig, geschäftstüchtig – oder beides? Er druckt die zweite Auflage kurz nach der Ablehnung des Frauenstimm- und Wahlrechts 1959. Wiederum erhält die Autorin Berge von Post. Sie freut sich über jede Zuschrift, die positiv ist. Doch hinter der Fassade schwinden Kampflust und Mut. Ihr Ruf ist vernichtet. Offen wie immer lässt sie die Leserschaft im Vorwort der neuen Auflage wissen, dass die Zahl der Ehrverletzungsklagen derart enorm sei, dass sie ihr gesamtes Leben damit zubringen könne.

Sie flüchtet sich ins Reisen. Türkei, Tunesien, der Irak, Saudi-Arabien, Jemen, Syrien, Libanon. Rastlos. Noch einmal schreibt sie ein Buch, «Vom Bosporus bis zum Euphrat». Dann zieht sie sich auch vom Schreiben zurück. Die Schwermut fällt über sie wie ein Vorhang. Es gibt nichts mehr zu tun. Im Kampf gegen «diese verdammte Herrschaft der Männer» ist erreicht, was sie sich vornahm: Sie hinterlässt «ein Erbe».

Am 11. September 1990 steigt Iris von Roten in den Dachboden ihres Hauses. Die letzte Hexe der Schweiz erhängt sich. Die Schlinge knüpft sie selbst.

Iris von Roten (*2.4.1917 in Basel als Iris Meyer, †11.9.1990 in Basel) war eine der bemerkenswertesten Frauenrechtlerinnen und Intellektuellen der Schweiz des 20. Jahrhunderts. Die promovierte Juristin stiess in einem intellektuellenfeindlichen Land die Gesellschaft und selbst fortschrittliche Geister ihrer Zeit vor den Kopf. Ihre Forderungen nach ökonomischer und rechtlicher Gleichstellung und sexueller Selbstbestimmung, die sie in ihrem Buch «Frauen im Laufgitter» formulierte, sind noch lange nicht eingelöst. Basel würdigte sie im März 2021 mit einem Iris-von-Roten-Platz auf dem Areal Walkeweg.

Cherub der Mehlsuppe

Sie erzürnte die Mächtigen, weil sie Kinder über ihren Stand hinaus erzog: Marie-Anne Calame (1775–1834) aus Le Locle investierte ihr Vermögen in ein Waisenhaus, das bis heute besteht. Für die Eidgenossen war sie ein kleiner Napoleon, für preussische Adelige mit Schuldgefühlen oder christlicher Neigung ein Engel.

Schon wieder wüten die Masern! «Frisches Obst», sagt der Arzt, «nur frisches Obst kann die Mädchen noch retten», die seit Tagen im Fieber liegen. Doch woher das Obst bekommen, wenn nicht einmal genügend Brot im Hause ist? Am Morgen stand der Torflieferant vor der Tür, forderte die Bezahlung seiner Rechnungen ... Geld ist keines da. Und nun soll sie Obst besorgen, wie nur und wo?

Marie-Anne muss sich setzen. Sie ist erschöpft, jetzt die Masern, vor kurzem erst grassierte im Heim die Ruhr. Ganze Schlafsäle wurden in Krankenstuben umgewandelt, alles Menschenmögliche versucht. Doch Marie-Anne Calame, Direktorin des «Asile des Billodes», hat mehr als ein halbes Duzend ihrer Kinder begraben müssen. Trotz ihrer liebevollen Gegenwart in den Zimmern, an den Betten ihrer Schützlinge bis zum Tod. Denn sie weiss, dass trostreiche Worte, zärtliche Gesten oft mindestens so gute Heilerfolge leisten wie die Impfungen, die sie einführte gegen den Widerstand der Politiker, oder wie die Medizin, die in ihrem Haus genug oft fehlt.

Die Masern im Waisenhaus, Obst ist vonnöten. Wie helfen, wie hoffen? Und: Wer hofft, wer hilft? Auch das Personal schöpft seinen Mut stets aus Marie-Annes Unermüdlichkeit, aus dem Glauben der Pietistin an die göttliche Fügung. Aus ihrem Gottvertrauen, wenn sie sagt: «Ich habe keinen Bankier als den Herrn, den, zu dem ich alle meine Gläubiger schicke.»

Ganz wahr ist das allerdings nicht. Denn auch heute geschieht ein «Wunder». Eine Errettung, die ein Grund dafür ist, dass für manche in Le Locle und in der Regierung des Kantons Neuenburg nicht alles mit rechten Dingen zugehen kann im Asile des Billodes. Wie gerufen liefert an diesem Abend ein Bote einen grossen Sack gedörrter Zwetschgen und Pflaumen ab. Es ist ein Geschenk von Calames Basler Freundinnen, hört man. Und das ist nun wahr? Mit wem ist diese Frau tatsächlich im Bund? Sind es nicht vielleicht suspekte ausländische Kreise, die die «Sektiererin» unterstützen, den «kleinen Napoleon»?

Die eigensinnige Dame, die auch ausländische Kinder aufnimmt, ohne Ansehen des Standes und der Herkunft!

Der anonyme Sack mit Dörrobst macht die Legendenschmiede glühen: Die Calame, Tochter des Bürgermeisters und Gemeindepräsidenten, hat ein neues Wunder vollbracht. Sie muss mit dem Teufel im Spiel sein, wenn nicht sogar im Bett mit ihm! Wahr ist allerdings: Im Kinderheim Billodes, am Rand von Le Locle, haben im Winter 1829 drei Waisenkinder dank eines Geschenks des Himmels die Nacht überlebt.

Die Verbindung von Himmel und Erde ist Marie-Annes Lebensziel. Doch das Fundament ist durchaus irdisch, auf das sie ihr Werk stützt: Es ist ihr eigenes Auskommen, ihre finanzielle Unabhängigkeit als Zeichenlehrerin und Emaille-Künstlerin der Zeichenschule in Le Locle, die sie mit ihrem Vater unterhält. Jean-Jacques-Henri, geschätzter Graveur und Spross einer pietistischen Familie, in der sich die Frauen über zwei Jahrhunderte hinweg stets der Armen in der Gemeinde angenommen haben.

Wie sollte seine Jüngste die Not nicht sehen, die im Jura jener Zeit regiert? Fünf Jahre lang grimme Kälte, dann, 1814, ein Sommerfrost, der die Ernte zugrunde richtet, doch schlimmer als alles ist das Elend der Napoleonischen Kriege. Le Locle fiel 1814 wieder an Preussen zurück, fünfzigtausend marodierende Soldaten sind die Folge und ihre Hinterlassenschaft: Typhus, die Pocken, Hunderte von Verwundeten und zahllose verwaiste, bettelnde, hausierende, hungernde Kinder.

Marie-Anne greift Waisen von der Strasse auf und bringt sie auf eigene Kosten bei Bauern unter. Das pädagogische Ergebnis befriedigt sie nicht. Also mobilisiert sie begüterte Damen: Sie sollten elternlose Mädchen bei sich aufnehmen, sie leichte Hausarbeit lehren und das Spitzenklöppeln, die Grundlagen für eine spätere Unabhängigkeit und ein eigenes Einkommen. Die Idee ist anmassend wie revolutionär, sie schafft Calame erste Feinde.

Doch noch unschicklicher, ungebührlicher wird das Nächste sein: Marie-Anne eröffnet im Hungerjahr 1815 ein eigenes Haus, in dem angesehene Damen, Witwen zumeist und ausgewiesene Spitzenklöpplerinnen, Mädchen betreuen – und bald werden es auch Buben sein. Für die notwendigen Mittel bittet sie ihre Freundinnen um Spenden. Es ist das erste Sammelwerk dieser Art in der Schweiz, das später als «Fünfer-Kollekte» Geschichte machen wird.

Die Pädagogin macht alles anders, als es in anderen Armenhäusern üblich ist. Ihre Kinder sind keine unentgeltlichen Arbeitskräfte, sondern respektierte Wesen, die mittels Bildung aus der Armut geführt werden sollen. Man betreut sie in kleinen Gruppen, auch musische Fächer werden unterrichtet und sogar Rhetorik. Etliche Billodes-Mädchen werden Billodes-Erzieherinnen, das Heim ist das erste Seminar der welschen Schweiz. Man hält Tiere, einen grossen Gemüsegarten, Selbstversorgung ist das Ziel. Willkommen sind alle jungen Elenden, geistig Behinderte genauso wie Flüchtlinge, die als Rädelsführer verleumdet werden und vorübergehend eine Zuflucht suchen. Die Direktorin beantragt für ausländische Kinder Aufenthaltsgenehmigungen ... Das nun aber geht dem Regierungsrat und den Gegnern ihres Werks doch zu weit. Es kann nicht angehen, argumentieren sie, dass «Kinder über ihren Stand hinaus erzogen werden und die Förderung der Volksbildung zur Abscheu vor notwendigen mechanischen Tätigkeiten führt ...».

Es sind dieselben Argumente, die Politiker auch Pestalozzi vorwerfen, der bei Yverdon ähnliche erzieherische Versuche unternimmt. Beide Pädagogen sind einander nie begegnet, gewiss aber haben sie voneinander gehört. Doch um wie viel erfolgreicher ist Calame! Pestalozzi muss seine Armenschule nach mehreren Schliessungen und Neugründungen 1825 endgültig aufgeben. Marie-Anne hingegen schafft zeit ihres Lebens eine stabile Lebensgrundlage für mehr als zweitausend Kinder und rund fünfzig Mitarbeitende.

Ihre Gegner sind zahlreich, doch ihre Freunde sind es bald auch. Es gibt ihrer immer mehr, vor allem im Ausland: christliche Gleichgesinnte in Brüssel und Liverpool – vor allem aber in den höfischen Zirkeln in Russland, Frankreich und Preussen. Nicht nur der Kronprinz von Preussen ist ihrem Hilfswerk mit Interesse zugetan und besucht es mehrmals. Ein wiederkehrender Gast ist auch die Gräfin von Thurn und Taxis, gewiss aus direkter Betroffenheit. Ihr unehelicher Sohn, den sie zur Pflege weggab, zu dem sie sich zwar nie bekennt, ihn nie sehen will, doch finanziell unterstützt, lebt in der Nähe: Es ist der berühmte Bieler Maler Johann Joseph Hartmann.

Marie-Anne hat ihre Kraft, ihr Einkommen und ihr Vermögen den verlorenen Kindern ihrer Zeit geschenkt. Sie ist noch nicht sechzig Jahre alt, als Ruhr und Typhus in der Schweiz nie erlebte Verheerungen anrichten. Jetzt fällt auch sie der Epidemie zum Opfer. Sie stirbt im Oktober 1834. Und genau wie die Armen die Welt verlassen müssen, will auch sie von ihr gehen: nackt, auf dünnem Holz, selbst der Sarg muss auf ein Totentuch verzichten. Ihr Grabstein steht heute auf dem Gelände ihres Lebenswerks, er steht neben einem Neubau. Marie-Anne lebt weiterhin bei ihren Kindern in Le Locle.

Marie-Anne Calame (*5.5.1775 in Le Locle, †22.10.1834 in Le Locle) war eine Reformpädagogin und Kinderschützerin. 1815 gründete sie das Kinderheim «Asile des Billodes» in Le Locle, das bis heute existiert. Sie war in der praktischen Arbeit erfolgreicher als Pestalozzi und stand in gegnerischen Regierungskreisen im Ruf eines «kleinen Napoleon». Gegen Proteste der Politik schuf sie ein Kinderhilfswerk, das bis in die höfischen Kreise Preussens und Frankreichs Unterstützung genoss.

Die Mata Hari der Sahara

Als arabischer Student verkleidet, lebte sie von Drogen, Sex und Absinth. Seelenheil suchte sie im Islam: Zwischen Rausch und Askese nomadisierte die Schweizer Schriftstellerin Isabelle Eberhardt (1877–1904) durch die Sahara – und kam grausam in ihr um.

Wild wuchert alles im grossen, alten Garten der «Villa Tropicale» bei Genf: der wilde Haustyrann, der hier in wilder Ehe lebt, die wilden Kinder. Ihr Vater will den Garten in ein ökologisches Musterstück verwandeln, und deshalb sollen die Knaben – sind es wirklich seine? – Beete umgraben und Unkraut jäten. Der jüngste und kräftigste hackt Holz und raucht dazu eine Zigarette. Er heisst Isabelle.

Haus und Garten gleichen zeitweilig einem anarchistischen Heerlager, revolutionäre Jungtürken, russische Nihilisten nisten sich hier ein, auf der Flucht vor der zaristischen Geheimpolizei. Isabelles Mutter, Nathalie de Moërder, Emigrantin deutsch-jüdischer Herkunft, bietet ihnen Schutz. Schockierend ist das im bürgerlichen Genf, schockierend wie der Umstand, dass ihre Kinder keine Schule besuchen und keine Kirche je von innen sehen.

Unterrichtet werden sie von ihrem Vater oder Stiefvater, wer weiss, dem Liebhaber von Nathalie jedenfalls, einem abtrünnigen russisch-orthodoxen Priester aus Armenien, der sich in die Theorien von Bakunin vergafft hat. Wie ein Rasputin wütet er in Genf, seinem Wodka, seinen Kakteen zärtlicher zugetan als den Kindern. Diese lernen zwar viele Sprachen – dem Zeitgeist geschuldet auch Arabisch –, doch hauptsächlich unterweist er sie in den Fächern wissenschaftlicher Atheismus und Anarchismus. Isabelle wächst in einem Milieu auf, in dem Gott tot ist und objektive Wahrheit das schlimmste Geistesgift. Sie weigert sich, Mädchenkleider zu tragen, will, nach Nietzsche, jenseits von Gut und Böse leben; «ein Nein, das nicht nur Nein sagt [...], sondern auch Nein tut».

Wäre das Mädchen in der Isolation dieses ausserordentlichen Elternhauses nicht bereits als Kastenlose geboren, ihr Umfeld hätte sie dazu gemacht. Doch wer so aufwächst, dem wächst die Kraft zum Widerstand. Eine Tür gibt es immerhin, die ihr offensteht, um ihr Eigenes zu (er)finden – es ist der Orient! André Gide und Oscar Wilde bereisen Nordafrika, T.E. Lawrence gibt den Muslim-Pilger, der Maler Gauguin den Südsee-

König: Isabelles Hang zur sexuellen Travestie und zum orientalischen Dekor hat erstklassige Vorbilder und Nachfolger.

Drittklassig allerdings sind die Romane, die sie verschlingt, Haremsdamen wimmeln darin, exotische Sinnlichkeit brütet: Lesend flieht sie in Fantasieräume, den Sandmeeren gilt ihre Sehnsucht, Freiheit fern der Welt. Bereits in Genf lebt sie nach den islamischen Vorschriften, und wenn sie sich nicht mit arabischen Schriften beschäftigt, erkundet sie mit ihrem Pferd die Jura-Täler und fantasiert sie als Schluchten des Atlasgebirges. Isabelles Lieblingsbruder flüchtet vor der chaotischen Familie in die Fremdenlegion nach Algerien. Jetzt ist ihr Ziel beschlossen: Nordafrika!

Isabelle Eberhardt und ihre Mutter schiffen sich im Mai 1897 nach Algier ein. Die Tochter ist endlich am Ziel: Als Mann verkleidet, in Burnus und Reitstiefeln, streift sie durch die Altstadt, besucht Märkte und Moscheen, verbessert ihr Arabisch und tritt zum Islam über. Dann stirbt die Mutter – und die grosse Suche nach dem Vergessen aller Heimatlosigkeit beginnt. Als Nomadin und kulturelle Überläuferin sucht Isabelle fortan bis ans Ende ihres kurzen Lebens im Fremden Erlösung.

Sie versteht Identität als Plural und wähnt sich als Paria, befreit von allen Konventionen. Die Gesellschaft anderer Parias ist ihr eine Sucht: Fremdenlegionäre, Soldaten, Matrosen, Prostituierte, Zwangsarbeiter, schwarze Sklaven. Sie bereist den Maghreb, wohnt im Zelt mit Beduinen, schliesst sich französischen Militärkonvois an oder Muslim-Pilgern. Sie reitet allein mit ihrem Pferd tief in die Wüste, in Gegenden, die vor ihr noch kein Weisser betreten hat, in Stammesgebiete rebellischer Nomaden, die die französischen Herren nicht anerkennen.

Darüber publiziert sie Novellen und Kurzgeschichten, Reportagen und Feuilletons. Sie schreibt für die Kolonialzeitung *L'Akhbar*, reist zu Krisenherden – französische Truppen gegen algerische Rebellen. Sie soll Kontakte knüpfen zu Aufständischen, vermitteln. Sie lebt von Absinth, Haschisch, Opium, Alkohol. Sie glaubt an das «Mektoub», das Schicksal, das über ihr schwebt. Der Wille Allahs geschehe.

Die Front in Isabelles persönlichem Freiheitskampf geht mitten durch ihr Leben: Sie schliesst sich den sittenstrengen Wahhabiten an – und zieht kiffend durch die Bordelle. Sie nennt sich Si Mahmoud, Sohn eines Tunesiers und einer Deutschen – und heiratet einen algerischen Leutnant. Sie solidarisiert sich mit den Arabern und sucht doch für die französische Witwe des von Nomaden gelynchten Millionärs de Morès – er finanziert die antisemitische Pressekampagne gegen Dreyfus – den Mörder ihres Mannes. Gegen gute Bezahlung.

Immer tiefer will sie die Mysterien des Islam verstehen. Sie tritt einer Muslimbruderschaft bei, der Kadriya, die noch nie einen Europäer, geschweige denn eine Frau aufgenommen hat. Das soll sie das Leben kosten! Als Isabelle am 29. Januar 1901 in Behima einem Einheimischen bei der Übersetzung eines Briefes helfen will, fällt ein religiöser Fanatiker sie an. Sein blanker Säbel verwundet sie schwer. Nur mit viel Glück überlebt sie den Anschlag.

Glaubt man ihrer Travestie? Wohl weniger, als sie selber das gerne glaubt. Ihr Leben ist Thema in den Zirkeln der rassistischen Kolonialbourgeoisie und Gesprächsstoff für die höchsten Ränge der französischen Militärregierung. Die Polizei vermutet hinter ihrer wechselnden vermeintlichen Tarnung eine britische Agentin, die die Araber zum heiligen Krieg gegen Frankreich aufstachelt, eine polnisch-jüdische Suffragette, die Unruhen in den Harems stiftet – oder eine bombenlegende russische Terroristin. In den Salons von Paris geht die Fama um, Isabelle sei die Tochter des vagabundierenden Arthur Rimbaud.

Wer ist dieser verrückte, verlorene Kopf tatsächlich, der sich im Sommer an den Weiten der Wüste und im Herbst an den Olivenhainen des tunesischen Sahels berauscht? Isabelle selber schürt die Legendenbildung, verwischt die Spuren ihrer Existenz willentlich, wie der Wüstenwind die Spuren der Karawanen verweht. Niemand weiss, ob sie in ihren letzten Jahren wirklich für die französische Militärregierung spioniert hat, ob sie die aufständischen Nomaden an Frankreich oder Frankreich an die Aufständischen verraten hat. Sie führt einen gewappneten Kampf gegen sich selber, das steht fest.

Doch nicht nur dieser, sondern auch die Malaria schwächen sie immer mehr. Ist es die Krankheit, die sie zur Mystikerin läutert und zur wochenlangen Klausur im heiligen Bezirk von Kenadsa zwingt, den vor ihr noch kein Weisser betrat? In der Nacht vom 20. auf den 21. Oktober 1904 haust sie in Ain-Sefra in einer armseligen Lehmhütte am Rande eines ausgetrockneten Flussbetts.

Ein Gewitter diese Nacht. Der vermeintlich tote Fluss schwillt innert Minuten zur todbringenden Flut. Isabelle weigert sich, das Haus zu verlassen. Schläft sie einen Haschischrausch aus? Nach tagelangem Suchen unter den Trümmern der Hütte: entwurzelte Bäume, aufgedunsene Tierkadaver, ein schlammverkrusteter Sack von Manuskripten. Und Isabelles halbverwester Leichnam. Das Leben als Fata Morgana, der Tod als bleierner Schluss.

Isabelle Eberhardt alias Si Mahmoud Saadi (*17.2.1877 in Meyrin, †21.10.1904 in Ain-Sefra, Algerien) war Nomadin, Autorin und kulturelle Überläuferin. Sie reist ab 1897 in wechselnden männlichen Identitäten durch den Maghreb, konvertiert zum Islam, schliesst sich den Wahhabiten an, wird Kriegsberichterstatterin, publiziert Feuilletons, Kurzgeschichten, heiratet einen algerischen Leutnant, wird der Spionage verdächtigt und entgeht einem Mordanschlag. Sie ertrinkt mit 27 Jahren in einem Slumviertel in der Wüste während einer Überschwemmung.

Gestürzte Schönheitskönigin

Sie war ein Reiseziel des europäischen Adels, ihre Schönheit wurde besungen und gemalt: Die Träume der Brienzer Schifferin Elisabetha Grossmann (1795–1858) zerschellten an ihrer niederen Herkunft und an ihrem Anspruch als emanzipierte Frau.

Der König von Preussen ist da! Unter fremdem Namen zwar, doch da ist er, ganz Brienz ist in Aufruhr. Elisabeth soll es erfahren, und laut ruft Gritli der Freundin über den See zu: «Der König, komm schnell!» Der König? Muss sie das kümmern? Schnell ans Ufer rudern soll sie seinetwegen? Was hätte sie davon? So ein König ist ein Fahrgast wie alle anderen auch. Elisabeth stellt sich taub. Die Mutter darf es nicht erfahren, jeden Batzen muss sie zu Hause abrechnen, das Rudergeld wird dringend gebraucht.

Doch heute mag dem hohen Herrn ein anderes Mädchen zu Willen sein und ihn zu den Giessbachfällen bringen. Eine andere Schifferin soll ihm unterwegs Brot und Käse auftischen, soll singen auf dem Wasser, bis es den Fremden fröstelt vor Ergriffenheit. Eine andere mag er haben, Elisabeth nicht. Gewiss, der König hat ein Anrecht auf sie – die ist die Schönste, sagt man, und das Dorf wirbt mit ihrem Bild an der Schifflände. Die Reisenden auf ihrer viertägigen Oberlandtour – die Prinzen von Preussen und Oranien, junge Adelige aus Frankreich und England, russische Prinzessinnen –, die in ihren Kutschen aus Meiringen eintreffen, sind entzückt von dem sonderbar sinnlichen Mädchenantlitz. Wie kann eine so wilde Bergnatur ein so feines Naturkind beheimaten?

Elisabetha Grossmann ist eine Touristenattraktion. Ihr Teint wird in einem Volkslied besungen, ihre hohe Taille verehrt in den Salons von Paris bis Moskau. Zahllose Reisende und Maler haben sie porträtiert, 1811 sogar der wichtigste Schweizer Kleinmeister, Franz Niklaus König. Elisabeth war sechzehn Jahre alt damals, sie arbeitet, rudert, seit sie zwölf ist, ein Zuverdienst für die Familie.

Vieles ist geschehen in den letzten Jahren: Ein Baron Wilhelm von Balk befand, sie sei zu schön, um Schiffermädchen zu bleiben. Er bezahlte ihre Erziehung in einem vornehmen Institut in Bern. Französisch lernte sie, Benehmen und Klavierspielen. Später sollte sie eine Stellung in Russland oder im Baltikum antreten, der Baron wollte sich für sie verbürgen.

Doch als die Ausbildung abgeschlossen war, blieb er verschwunden. Elisabeth musste in Bern ihren Vornamen mit einem Schluss-a aufputzen, Bauerntölpel, der sie war. In der Stadt wurde sie verlacht, zu Hause auf dem Dorf dann für ihren Stadtaufenthalt verspottet. Die Elisabetha ist eine Mehrbessere, die Elisabetha hat Höheres vor!

Später hat einer sie in Paris zum Stadtgespräch gemacht, einer, der sie gar nie gesehen hatte, oder doch? Hat sie den Dramatiker Eugène Scribe, der ein Theaterstück nach ihr benannte, einmal gerudert? Item: Elisabetha, sagen die Damen, die sie über den See bringt, ist eine Naturschönheit. Elisabetha, sagen die Herren, die zu ihr ins Boot steigen, ist ein Naturspektakel. Sie philosophieren über das Naturschöne, schauen romantisch drein dabei und denken sich ihr Teil. Sind denn Naturkinder in Liebesdingen nicht freigiebiger als die Mädchen in der Stadt? Die Gäste fantasieren noch bunter, seitdem man hört: Die ersten Reiseführer über das Berner Oberland preisen eine Schifffahrt mit Elisabetha Grossmann in den höchsten Tönen an. Von «la belle batelière» über den Brienzersee gefahren zu werden, eine Rosenblüte vor dem Alpenpanorama, welch unvergessliche Erinnerung! – Doch im Sommer 1814 bleibt in Brienz ein preussischer König ungerudert am Ufer zurück. Die schöne Schifferin, die bekannteste Schweizerin dieser Zeit, anerkennt nur einen König: Abraham François Pettavel.

An einem Juliabend 1813 war er ihr zum ersten Mal begegnet, ein Gast aus dem Welschland, der wünschte, zum Zollhaus in Interlaken gerudert zu werden: François Pettavel, 22 Jahre alt, Ratsherren- und Notarssohn aus Neuenburg. Sie hatte ihn beim Vornamen oder «Professor» genannt, denn das war er tatsächlich, so jung, so begabt – und so schön! Als sie später im «Bären» für die Gäste Lieder sang, stand auch er dabei. Und erneut war er da, als sie abends an der Schifflände die Touristen verabschiedete mit: «Ha amene Ort es Blüemli gse, es Blüemli, rot und wiiss …» Sie ruderte den Neuenburger noch einmal … und seitdem träumt Elisabeth von einem anderen Leben.

Auch François träumt. Ihr Lied hat sich in seinem Innersten eingegraben, zusammen mit dem Bild der «belle batelière» von Franz König. Das gesteht er ihr später, und noch etwas später, zwei Jahre später, Briefe sind hin und her gegangen seitdem, gesteht er ihr seine Liebe. Er bittet Elisabeth um ihre Hand.

Die Verlobung findet im April 1815 auf dem einsamen Fluhberg statt, unter freiem Himmel. François will es so, er ist hingerissen von der romantischen Vorstellung, einen ungetrübten Naturschatz zu besitzen, eine Engelsgestalt, das Original der «schönen Schifferin» ...

Und alsdann? Schweigen. Der Neuenburger bleibt stumm. Dann meldet er sich doch, er wird mit seiner Mutter in Brienz eintreffen, Madame Pettavel. Scharfe Worte richtet sie an Elisabeth, Worte, die wie Messer schneiden. Eine Ehe François' mit einer Frau ihres Standes? Unmöglich, eine Schwärmerei! Ist ihrem Schaden mit fünfhundert Louisdor Genüge getan? Achthundert Franken für einen Lebenstraum. Ganz Brienz lacht, als der Liebesverrat bekannt wird: Die schöne Schifferin hat Schiffbruch erlitten!

Am lautesten lacht der Weinhändler Peter Ritter aus Unterseen. Er hat seit langem um Elisabeth gebuhlt, ist abgewiesen worden, doch nun, da sie ihre Ehre verloren hat, muss sie ihn wohl erhören. Mit Gewalt nimmt er sie – gewaltsam nicht zum letzten Mal. Elisabeth ist schwanger. Wird er sie heiraten? Jetzt will sie, weil sie muss. Doch er hält sie hin, will Geld von ihrem Vater, noch mehr Geld. Er vertrinkt es, verlangt mehr.

Ist es eine Schwäche, ihn zu heiraten? Schwäche zeigt Elisabeth keine, im Gegenteil. Nach zehn Jahren Erniedrigung an der Seite ihres Mannes tut sie das Beispiellose: Sie verlangt die Scheidung! Sogar seine Bevormundung will sie! Ist die Schifferin vollends grössenwahnsinnig geworden? Elisabeth trifft blanker Hass und nackte Häme. Der Rechtsstreit dauert drei Jahre, vor Gericht wirft man ihr mehrfachen Ehebruch vor. Die einstige Heldin wird zur Schande einer ganzen Region.

Ihre Anmut ist vorschnell verblüht, verhärmt ist sie nun, grau und gebrochen. Die schöne Schifferin, war sie das? Wann?

Peter schwängert sie noch, als sie geschieden ist. Er bemächtigt sich ihrer immer wieder, bald sind neun Kinder auf der Welt, und ebenso viele sind vor der Zeit gestorben. Elisabeth verdient ihren Unterhalt in der Schnitzerei ihres Schwagers. Finanzielle Abhängigkeit, Peter, der sie bedrängt im Schutze seiner Familie … Wer straft sie? Und wofür? Hat sie tatsächlich Gott versucht? War es Sünde, ein besseres Leben zu erhoffen und aufzubegehren vor Gericht?

Im Frühling 1858 meldet der *Oberländer Anzeiger:* «Am 23. März wurde die als Mädchen früher auch in weiteren Kreisen bekannte ‹schöne Brienzer Schifferin› zur letzten Ruhe bestattet. Sie […] hinterlässt eine zahlreiche Nachkommenschaft und starb unter nicht eben glänzenden Umständen.» – Der Glanz, der Elisabeth umstrahlte, war nicht für jedermann zu sehen.

Elisabetha Grossmann (*1795 in Brienz, †23.3.1885 in Interlaken) war Schifferin auf dem Brienzersee und eine Sehenswürdigkeit des frühen Schweizer Tourismus. Bekannt als «La belle batelière de Brienz», wurde sie von Malern, Volksliedдichtern und durch ein Theaterstück verewigt. Grossmann zerbrach am widerrufenen Heiratsversprechen eines Ratsherrensohnes, forderte später die Scheidung von ihrem gewalttätigen Mann und verstarb verhöhnt als gescheiterte Volksheldin.

Ehrenhafte Rechtsbrecherin

Sie widersetzte sich dem Bundesrat und dem Roten Kreuz und rettete Leben: Anne-Marie Im Hof-Piguet (1916–2010) führte im Zweiten Weltkrieg jüdische Flüchtlingskinder über Jurafelsen in die Schweiz – und schwieg über ihre Erlebnisse vierzig Jahre lang.

Falsche Identitätskarten? Nichts leichter als das! In einem der bombardierten elsässischen Bürgermeisterämter, deren Archive verbrannt sind, werden sie ausgestellt: ein neuer Name, ein Stempel, ein bisschen Schmutz vom Fussboden. Was liegt in der anderen Waagschale? Die Deportation der Kinder! Das Sammellager Drancy, der Ort der Schoah in Frankreich, dann Auschwitz-Birkenau. Und ewige Mitschuld der Schweiz! Einen Fluchtweg durch die Hintertür in das neutrale Land: Anne-Marie muss ihn finden, sie muss handeln. Und gelte es, das Gesetz zu brechen, und koste es Namen, Ehre und ihr Leben. Am 11. November 1942 fasst die 26-jährige Jurassierin Anne-Marie Piguet, freiwillige Rotkreuzhelferin in einer Flüchtlingskolonie bei Toulouse, den Entschluss: Sie wird ihre jüdischen Kinder in die Schweiz bringen. Doch wie?

Das Vallée de Joux, gesegnet ist die Gegend, still und verschwiegen. Die Grenze zwischen dem Departement Doubs und der Schweiz windet sich als grüne Schlange durch den Risoux, die Bergkette, die bis auf 1420 Meter ü. M. steigt. An den Hängen alter, seit dem 10. Jahrhundert geschützter Tannenwald, das grösste zusammenhängende Forstgebiet des Juras. Anne-Marie hat hier ihre Kindheit verbracht, geboren in Le Sentier, der Vater Forstinspektor, sie kennt jeden Baum, jeden Weg. Der Risoux, abgelegen und abgeschirmt, diskret und dunkel, soll ihr Verbündeter werden bei ihrem Plan.

Die Bevölkerung des Vallée de Joux hegt eine tiefe Sympathie für Frankreich, auch im Krieg hat sie die nachbarschaftlichen Beziehungen nicht unterbrochen. Sie sind im Gegenteil noch enger geworden. Das alte Schmugglerhandwerk blüht wieder auf: Tabak, Kaffee, Zucker, Wollsachen, Schuhe finden ihren Weg durch die Chalets auf den Jurahöhen. Hüben ist drüben, die Menschen leben mit der Grenze ohne Grenze, vor allem eine, und sie wird Anne-Maries treueste Helferin in dem Unternehmen Leben oder Tod: Victoria Cordier aus Champagnole. Die Französin, 22 Jahre alt, arbeitet für die Résistance, sie bringt von der Gestapo Verfolgte über die Grenze in die

Schweiz, Juden vor allem. Achtzig Menschen werden es bis zum Kriegsende sein.

Die Fluchtroute steht fest: Sie führt vom Kinderheim in dem alten, notdürftig bewohnbar gemachten Schloss bei Toulouse nach Lyon und Montluel. Dort wird man die Nacht verbringen, in Verstecken, im Untergrund. Von Montluel dann nach Champagnole, hier versorgen Victoria und ihre Schwester Madeleine die Kinder. Victoria als Begleiterin führt sie über unterschiedliche Routen ins Sperrgebiet nach Chapelle-des-Bois, zu Victorias Mutter, sie ist eingeweiht. Ihr Haus ist der letzte sichere Ort vor der Schweiz. Dann folgt das Schwierigste: die Gy de l'Echelle, eine Treppe im Felsen, die zum Gipfel des Risoux führt und zur Grenze – ins verheissene Land, in die Schweiz.

Bereits im Frühling 1943 ist die erste Schar Kinder unterwegs. Eine kleine Gruppe, die Ältesten aus La Hille und die Jüngste, ein kleines Mädchen, Edith. Ihre Eltern sind bereits deportiert, das Bild ihrer Mutter steckt tief in der rechten Manteltasche, das ihres Vaters links. Sie sollen ihr Glück bringen. Der Schnee liegt noch hoch in diesen Wochen, knietief, Stunden durch den Wald, Anne-Marie voran. Das Mädchen in Männerschuhen, viel zu gross für die Kleine, sie rutscht, unfähig, sich an den Ästen festzuhalten, bald kriecht man auf allen vieren. Eisfelsen, Eisplatten jetzt und Hänge, so steil wie eine Wand. Eine Wand, unüberwindlich, unmöglich, sie zu durchsteigen! Die Kinder zittern, halten sich kaum noch auf den Beinen, sie sind am Ende ihrer Kraft. Anne-Marie lädt Edith auf ihren Rücken. Unglaubliche Anstrengungen, unfassbarer Mut. Wird sie das Gleichgewicht halten können? Vor ihr die Felsen aus purem Eis, unter ihr die Leere. Dann Grenzstein 176 – die Schweiz! Doch die Sicherheit ist trügerisch. Die Zöllner haben die Anweisung, Flüchtlinge der französischen Polizei auszuliefern: dem Tod.

Anne-Marie Piguet handelt illegal. Der Schweizer Bundesrat hat im September 1942 bestimmt, dass Fluchthilfe ein Tatbestand sei. Die Grenzwächter melden, dass die Flucht von

Juden in die Schweiz auf organisierten Routen, den sogenannten *filières*, stattfindet. Obwohl Anne-Marie über ihre Organisation nichts Schriftliches festhält, kann ihre *filière* vom SRK nicht unentdeckt bleiben. Als sie von ihrer ersten Mission nach La Hille zurückkehrt, wird sie für ihre Abwesenheit offiziell gerügt. Sie hat gegen die dem Roten Kreuz in Frankreich 1943 auferlegte Neutralität verstossen … und bereitet die nächste Flucht vor.

Ihr Vorbild? Es ist die ehemalige Directrice von La Hille, die Schweizerin Rösli Näf. Im Mai 1941 war die energische Krankenschwester nach Toulouse gekommen, nachdem sie drei Jahre in Lambarene bei Albert Schweitzer im Einsatz gewesen war. Unter Näf musste das Heim am 26. August 1942 eine Razzia durch die französische Polizei gewärtigen: eine Liste mit vierzig Menschen, bestimmt für das Todeslager Le Vernet! Alles Menschenmögliche hatte sie unternommen – und die Kinder schliesslich gerettet. Doch das SRK goutierte den Eigensinn nicht. Ihre Amtsenthebung wurde beschlossen und postwendend Vichy gemeldet. Vorauseilender Gehorsam? Angst vor Repressalien?

Sicher sind die Kinder in La Hille nicht. Wiederholt werden Jugendliche abgeholt und verschwinden. Dass sie nach Auschwitz deportiert werden, ist in mehr als in einem Fall gesichert. Als Nazideutschland von Vichy zehntausend Juden verlangt, gehören die ausländischen Juden in den Internierungslagern der *zone libre* (La Hille ist Teil davon) zu den Ersten, die Frankreich im Sommer 1942 als seinen Beitrag zur Endlösung beisteuert. Am 19. August 1942 erhalten die Präfekten der Region Toulouse Order, alle deutschen, österreichischen und polnischen Juden im gesamten Departement zu verhaften. Anne-Maries Kinder, die älter als sechzehn sind, gehören zu den Gesuchten.

Die SRK-Helferin hat Geschichte studiert, sie hat Geschichtsbewusstsein, das Unmenschliche will ihr nicht in den Kopf. Weshalb kann das Rote Kreuz die Flüchtlinge nicht in Sicherheit bringen? Wieso hat der schweizerische Bundesrat kein Gehör für die wiederholten Vorstösse des SRK, er möge allen in seinen Kolonien beherbergten Kindern in der Schweiz Asylrecht erteilen? Warum aberkennt er den Juden den Status des politischen Flüchtlings?

Es sind diese Fragen, die sie zermürben. Im Mai 1944 ermöglicht Anne-Marie ein letztes Mal einer Gruppe Menschen die Flucht. Darauf reicht sie ihre Demission beim Roten Kreuz ein. Über ihre Erlebnisse schweigt sie mehr als vierzig Jahre lang. Dann stellt sie sich ihren Erinnerungen, mit «Zittern und Respekt», und sie veröffentlicht ihre Memoiren. «Unsägliche Grausamkeit, stillschweigender Mut, Lebensfreude trotz allem», fasst sie das Erlebte zusammen. Mit zahlreichen Preisen geehrt, stirbt sie im Dezember 2010 im Alter von 94 Jahren. Ihr letztes Projekt ist die Antwort auf ihre Erfahrungen, eine «Akademie der Menschenrechte», ein Ort, an dem Menschen verschiedener Religionen und Kulturen zum Dialog finden sollten. Der Traum lebt weiter, die Hoffnung stirbt nie.

Anne-Marie Im Hof-Piguet (*12.4.1916 in Martigny, †18.12.2010 in Bern) war Flüchtlingshelferin und Friedensaktivistin. Als Mitarbeiterin des Schweizerischen Roten Kreuzes (SRK) in Frankreich verhalf sie noch bis im Mai 1944 jüdischen Kindern zur Flucht in die Schweiz – gegen die Bundespolitik und die Anweisungen des SRK. Im Hof-Piguet gründete die Entwicklungsorganisation Swisscontact, erhielt den israelischen Ehrentitel «Gerechte unter den Völkern» sowie den Doron-Preis, den sie für eine «Akademie der Menschenrechte» einsetzte.

Fegefeuer der Ideale

Sie ist das Kind von Tessiner Auswanderern und wird in Argentinien zur Legende: Die Schriftstellerin Alfonsina Storni (1892–1938) erregt mit ihren Texten öffentlichen Anstoss und brüskiert mit ihrem Lebenswandel. Statt Abhängigkeit wählt sie den Tod.

Sie lächelt auf dem Foto. Die Perlenkette ein modischer Kompromiss, Wasserwellen im aschblonden Haar, unelegant kragt die Nase, viel zu breit für ihr Geschlecht. Ihr Geschlecht? Alfonsina Storni wird daran gemessen, auch wenn sie es ablehnt, weil sie unabhängig von ihrem Frausein gesehen werden will. Als Künstlerin will sie Gehör finden und als Intellektuelle! Als Wegbereiterin der modernen lateinamerikanischen Lyrik!

Doch Storni ist ungraziös, schnell ist ihr Gang und schnell ihre Neigung, sich zu verlieben. Hindernisse für eine Frau, zumal in der patriarchalen Gesellschaft von Argentinien. «Ich bin eine ausländische Jüdin und trage fünftausend Jahre Traurigkeit auf meinen Schultern», sagt sie ihrer Freundin. Was meint sie damit? Hat sich die Tochter verarmter Tessiner Einwanderer in den Zwanzigerjahren nicht einen Platz erobert in den Intellektuellenkreisen von Buenos Aires? Und als Frau gelingt ihr das, als erster! Mit ihrem Talent und Temperament hat sie sich vorgewagt wie keine vor ihr: Als Journalistin fordert sie die rechtliche Parität für Frauen, bezichtigt aber gleichzeitig ihr Geschlecht der Unterwürfigkeit; als Lyrikerin schreibt sie mit Ironie geätzte Gedichte an die ferne, eitle Landschaft Mann.

Lächelnd tut sie das, wie sie zeitlebens lächelt. Alfonsina, die Lehrerin, Schauspielerin, Sozialistin und – fatal – Alfonsina, die Geliebte eines verheirateten Mannes! Eines bekannten Politikers dazu! Sie ist neunzehn Jahre alt und Landschullehrerin in Rosario, als sie von ihm schwanger wird. Doch sie sucht keinen Ernährer, vielmehr einen Mann, dem sie auf Augenhöhe begegnen kann. Ihr Sohn soll ihren Namen tragen, «ein Kind der Liebe, ein Kind ohne Gesetz». Um der Schande zu entfliehen, zieht sie in die Anonymität von Buenos Aires und nimmt Gelegenheitsarbeiten an. Sie ist arm, und arm wird sie bleiben. Mehr als ein flüchtiges Zimmer in einer Pension wird sie ihrem Sohn nie bieten können. Und hätte sie nicht Freunde, die ihr immer wieder aus misslichen finanziellen Lagen helfen, und dozierte Alfonsina nicht oft an zwei oder drei Schulen, Konservatorien gleichzeitig, wer weiss ...?

Doch wichtiger als dies alles ist: Nach vier Jahren in Buenos Aires ist sie so weit – sie kann endlich ihren ersten Lyrikband veröffentlichen. Die Rückzahlung der dafür notwendigen fünfhundert Pesos wird sie ein Leben lang belasten, doch Storni hat ihre Stimme erhoben als Dichterin! Denn sie schreibt seit ihrer Kindheit, dichtet, wie sie atmet, unterwegs, in der Strassenbahn, auf halbgeöffneten Koffern. Und fehlt das teure Papier, eilt sie zum nächsten Postamt, um sich mit Telegrammblöcken zu behelfen. Alfonsina ist zur Poesie «gebrandmarkt» (so schreibt sie in einem ihrer letzten Gedichte).

Der erste Literaturpreis lässt nicht lange auf sich warten, dann folgt der nächste, und 1922 wird sie mit der höchsten Ehrung ausgezeichnet, dem argentinischen Staatspreis für Literatur. Sie ist eine genuine Poetin, die Leidenschaft für das geschriebene Wort ist das Blut, das in ihr glüht, der Nerv, der vibriert: Dichtung als hochempfängliche Antenne für die Verwerfungen der Zeit. Die Existenz ihres illegitimen Sohnes ist lediglich ein ähnlicher Skandal, wie ihre Poeme es sind: kühn in ihrer Metaphorik, unverblümt in ihrer Thematik, neu für die Zeit, scharf, satirisch, sarkastisch, sozialkritisch ... Alfonsina scheint ausersehen, schreibend das Laufgitter ihrer Geschlechtsgenossinnen durchbrechen zu müssen als ihren persönlichen Käfig.

Doch anklagend ist ihr Ton in keinem Moment. Sie lächelt, als Kritiker sie missverstehen wollen und ihre neunbändige Lyrik schmalreden; sie ignoriert, dass Journalisten mit ihr lieber über die neuste Mode plaudern, als sich mit ihrem Werk auseinanderzusetzen oder mit ihren spitzen Bemerkungen zu Geschlechterfragen. Sie akzeptiert, dass ihre erste Komödie 1927 zwar im Beisein des Staatspräsidenten aufgeführt wird, doch die Kritik auf ihre nachdrückliche frauenrechtliche Parteinahme so feindlich ist, dass sie das Stück umgehend vom Spielplan nimmt. Und sie sieht sich machtlos, als auf dem Höhepunkt der angeblichen Wertschätzung ein Starkult sich Bahn bricht, eine doppelmoralische Legendenbildung, die Mercedes Sosa krönen wird mit dem Lied «Alfonsina y el Mar».

Insgeheim hat sich die Poetin Storni längst ins innere Exil begeben. Sie wird zwar verehrt für ihren militanten Idealismus – doch mindestens so sehr auch verurteilt für ihre intellektuelle und erotische Unabhängigkeit und für ihre Forderung, mit demselben Mass gemessen zu werden wie ein Mann. Sie muss erkennen, dass ihre Ansprüche an die Wirklichkeit diese übersteigen. Zu alledem hat sie gelächelt, Storni, die viel zu Frühe, Storni, die zerrissene Europäerin. Sie lächelt bis zu jenem Moment, als sie sich von allen irdischen Abhängigkeiten losreisst – und freien Willens und freien Schrittes ins Meer geht. Zum Schluss.

Der Anfang? Ein Mädchen, das im Tessin aufwächst, vier Jahre lang lebt Alfonsina als drittes Kind der Familie in Sala Capriasca im Bezirk Lugano. Sie soll wie ihr Vater heissen, Alfonso, Alfonsina: «Bereit sein für alles», hat sie den Namen übersetzt. Ihre Eltern verlassen 1896 das Tessin, das Armenhaus der Schweiz, gründen eine neue Existenz am Fuss der Anden. Doch nichts glückt, und was missglückt, ist später schwer auszumachen, die Mythenbildung hat eine fette Schicht Sentiment über Alfonsinas frühe Jahre gelegt. Ist es eine Alkoholkrankheit des Vaters, sind es seine Gemütsverstimmungen, die auch über der Tochter schweben werden?

Gesichert ist, dass Storni ihre erste Heimat noch einmal sieht. Auf einer kurzen, schnellen Europareise, wo sie in Madrid wie ein Star gefeiert wird, flattert sie 1930 auch durch ihr Geburtshaus, erklimmt den Estrich, erinnert sich an die Spatzen dort … und flügelt bereits wieder weiter und davon. Ihre argentinische Kindheit dauerte kurz. Sie ist zwölf Jahre alt, als ihr Vater stirbt, und muss von nun an ihre Familie miternähren.

Und dann, Legenden, wie gesagt. Ein Leben als Mythos, schon vor ihrem Tod, der so unabänderlich Gestalt annimmt, wie ihr Leben ihr immer mehr aus den Händen entgleitet seit 1935. Da ist die Militärdiktatur im eigenen Land, der Faschismus in Europa, dem ein Freund wie Federico García Lorca zum Opfer fällt. Und dann: Brustkrebs! Die Diagnose auf einen

Schmerz, den ihr eine Welle, die beim Baden an den Oberkörper prallt, meldet. Sie wird operiert, erfolglos. Das Urteil ist gesprochen: Wenn ihr Leben ein Ringen um Selbstbestimmung war, so muss es auch ihr Tod sein.

Januar 1938 – sie wird mit Gabriela Mistral und Juana de Ibarbourou als «weibliches Dreigestirn» der lateinamerikanischen Poesie nach Montevideo eingeladen. Die Ehrung klingt nur noch schal. Ende Oktober reist sie ans Meer, sucht erfolglos einen Revolver, schreibt ihr letztes Gedicht, schickt es mit der Abendpost kommentarlos der Zeitung *La Nación* – und geht ins nachtdunkle Wasser. Das Poem wird sogleich gedruckt. Und am Bahnhof von Buenos Aires warten zweitausend Menschen auf die sterblichen Überreste einer grossen Poetin. Ein Zeichen von Liebe. Oder von Schuld?

Alfonsina Storni (*29.5.1892 in Sala Capriasca TI, †25.10.1938 in Mar del Plata, Argentinien) war eine Tessiner Poetin, Argentiniens grösste Avantgarde-Lyrikerin und feministische Journalistin. Als mittellose Immigrantin und Mutter behauptete sie sich in Buenos Aires als Dichterin, veröffentlichte neun Gedichtbände, schrieb Theaterstücke und wurde mit den bedeutendsten argentinischen Literaturpreisen geehrt. Ihr Freitod 1938 machte sie zu einem nationalen Heiligtum, woran auf Briefmarken, einem Denkmal und mit Strassennamen erinnert wird.

Die verschollene Biografin

Durch sie verstehen wir Jeremias Gotthelf: Marie Walden (1843–1890, geboren als Henriette Bitzius) war die intellektuelle Nachfolgerin ihres Vaters. Als Schriftstellerin war sie überragend, in der Rolle der Mutter hatte sie Liebe und Verständnis für alle. Ausser für sich selbst.

Sie kommt aus dem Gottesdienst und schäumt. «Völliges Waschwasser! Wenn ich eine gute Stunde geschlafen hätte, wäre ich nachher ganz am gleichen Ort erwacht.» Scharf im Urteil sind Henriettes Tagebucheinträge oft. Erbarmungslos aber sind sie, wenn sie über einen Gottesmann urteilt. «Waschwasser» sei seine Predigt? Gnade Gott dem Prediger. Henriette, eine Gläubige, wie es im Emmental nur eine gibt – oder doch vielleicht deren zwei –, stellt an Gottesdiener hohe Ansprüche. Sie ist selbst Pfarrtochter und Ehefrau eines Priesters, Ludwig Rüetschi, Pfarrherr in Sumiswald.

Henriette weiss also, was ein gutes Stück Text ist. Eines nämlich, dass aus dem Mund des Geistlichen direkt ins Herz der Menschen fliegt. Doch sie weiss auch, was ein Knorzen und Knarzen ist, wenn einer auf der Kanzel an seinem «Vortrag» kaut, als beisse er auf eine Eisenkette.

Die Älteste von Pfarrer Albert Bitzius, bekannt als Jeremias Gotthelf, wird gross mit den besten Kanzelreden ihrer Zeit. In ihrem Elternhaus werden sie laut geübt. Sie ist eine kritische Zuhörerin, man hat sie so erzogen. Als Pfaff ist ihr Vater zwar nur mässig erfolgreich, doch als Schreiberling, Wortführer und Pamphletist ist er unerreicht. Henriette nimmt Mass an ihrem Vater. Er ist das Mass ihrer Dinge ein Leben lang.

Und mehr noch. Henriette Rüetschi-Bitzius ist Gotthelfs Biografin. Sie zeichnet ihn als Respektsperson der eigenen Kinder durch seinen «flammenden Blick und scharfen Pfiff». Sie entwirft in ihrer Überlieferung einen Herzensmenschen: «Ein geistreicher, genialer Mann mit praktischem Scharfblick und tiefer Menschenkenntnis, dabei leicht erregbaren, aufwallenden, aber tiefen und weichen, von Liebe erfüllten Gemüthes.»

Henriette liefert Zeugnis der entscheidenden Details aus Gotthelfs Schaffen. Sie beschreibt, wie ihr Vater zum Motiv des «Bauernspiegel» findet. Und sie belegt, wie das Manuskript des «Schulmeister» erfolglos von einem Verleger zum anderen wandert, bis für den in Fetzen zerrissenen Umschlag eine besonders stabile Schachtel angefertigt werden muss. Sie blickt in Gotthelfs Herz, schildert dessen Gewissenhaftigkeit, sein Talent, nicht an seine eigene Bequemlichkeit zu denken, wenn er dafür eine fremde Seele «aus der Schwermuth» retten kann –, und sie notiert seine eigenen Sorgen ob des Sonderbundskrieges.

Auch die letzten Tage des langwierig Kranken protokolliert sie. «Nicht das plagte ihn am meisten, dass er zur Untätigkeit verurteilt war, sondern dass er dafür noch besoldet wurde!» Im Krankenbett bittet Gotthelf seinen Arzt, ihm reinen Wein einzuschenken, «vo wege Staatspensiönär wött i nit werde». Und selbst am Morgen nach seinen schlimmsten Nächten ist Gelassenheit im Urteil: « S' isch m'r o schon wöhler gsi», meint er oder «mi lehrt doch mängs i schlaflose Nächte».

Henriette wird auch dies nicht unterschlagen: Der grosse Gotthelf war gross auch deswegen, da seine Gattin dessen Beraterin war. Er vertraut ihr seine Texte an und alle eingehende Korrespondenz: «Lies afange und säg m'r de öppe was drin isch!»

Die Tochter schreibt nicht nur die Biografie ihres Vaters. Auch die der Mutter und von Bruder Albert fasst sie ab. Henriettes Jugend? Sie führt ein «eigenthümlich innerlich und äusserlich bewegtes Kinderleben». Ein heller Sonnenschein liegt auf den drei Pfarrkindern in Lützelflüh. Hierher hat man den aufmüpfigen Geist Bitzius aus Bern «verbannt». Und auch wenn er sich am neuen Ort zunächst nicht wohl fühlt – zu den entlegensten Höfen dauert der Fussmarsch zwei Stunden – seinen Kindern will er ein ungetrübtes Aufwachsen ermöglichen. «Fröhlich wuchs das dreiblättrige Kleeblatt auf, sorgsam bewacht und behütet von seinen Eltern», erinnert sich Henriette.

Oder ist die Erinnerung bereits Dichtung? Jette, Jetti ist wie ihr Vater ein erzählerisches Talent. Vorzüglich beherrscht sie den Umgang mit Mundart. Das lobt auch die Mutter immer wieder, nur der Bruder bleibt kritisch. Er ist ihr zweites Gewissen. Albert wird jeder Text unterbreitet, und nichts lässt er durchgehen, was in seinem Verständnis nicht den Tenor der Erzählung rechtfertigt.

Gotthelf hat den Buben als kleines Kind zu Erziehungszwecken im Waisenhaus in Burgdorf spediert. Der Frauenhaushalt – Mutter, zwei Schwestern, die Mägde – sollten ihn nicht verweichlichen. Henriette hört auf Albert: Sie notiert Gespräche so, wie den Leuten der Schnabel gewachsen ist. Die erzählenden Texte aber sind ohne Ausnahme auf Hochdeutsch abgefasst.

Henriette schreibt. Denn es schreibt ja auch der Vater, mit Geburt der Ältesten setzen seine ersten schriftstellerischen Versuche ein. Jette ist als Kind seine Willige und Gelehrige, seine Helferin in allen Nöten. Einem Freund teilt er über sie mit: «Jetti schreitet in gelehrten Bahnen, besucht für Guggers Gewalt meine Unterweisungen und beginnt dort unaufgefordert das grosse Wort zu führen.» Durch ihre Fähigkeiten und ihr Wesen ist sie für ihn bald unentbehrlich.

Ihr werden die wichtigen «Departemente» des Haushalts anvertraut, so die Betreuung des Obstes. «Wenn die Obstbäume blühten und nach Jakobi die Früchte sichtbar werden im grünen Laub, lud mich abends der Vater freundlich ein, ihn auf seiner Runde und Heerschau zu begleiten, ein Vorzug, der selbst meiner Schwester nicht zu Theil wurde.» Das Nesthäkchen Cécile beschwert sich aber nicht darüber. Sie ärgert sich, dass die Ältere auch das «Departement der Hühner» unter sich hat. Wenn Henriette mit dem Vater darüber spricht, kann sie sich mokieren: «Stört sie nicht, sie haben Hühnerkonferenz!»

Die frühe Verantwortung macht aus dem Kind eine gewissenhafte, selbstkritische, später auch überängstliche Frau und Mutter. Stets ist sie feinfühlig in der Rücksichtnahme auf andere. Gerecht will sie sein, niemanden will sie verletzen. Stets prüft sie ihre Tat und ihr Verhalten. Und sie ist fest in allen schweren Fügungen des Lebens: Dass sie bereits mit Mitte vierzig Witwe wird, dass sie ihre sechs Kinder grösstenteils allein aufzieht – zwei Söhne werden vor ihr sterben –, dies alles zählt zum Schmerzhaften nach einer Kindheit, die pure Freude war.

Nach dem Tod ihres Ehemanns übersiedelt Henriette nach Bern und beginnt mit der Publikation ihrer Texte, Erzählungen und Gedichte. Doch anders als die Biografien, die als persönlicher Eindruck gelesen werden sollen, veröffentlicht sie diese unter dem Pseudonym Marie Walden.

Sie schreibt über Menschen am Rand, über die Gedrückten und Geplagten. Ein schwindsüchtiger junger Lehrer, eine blinde Frau, eine arme Waise, eine vom Leben gebeutelte Näherin sind ihre Hauptfiguren. Henriette schildert sie mit Liebe und Verständnis.

Doch bei aller Arbeit, ihr Herz ist schwer. Der Heimgang vieler Bekannter und zweier ihrer Kinder weckt in ihr das Bedürfnis, nachzufolgen. Sie wünscht sich zu gehen wie nach einem erfüllten Tag. Das wird ihr vergönnt. Erst ein Herzschlag macht ihrem langen Leiden am 28. August 1890 ein Ende.

Henriette Rüetschi-Bitzius (*10.11.1843 in Lützelflüh, †28.8.1890 in Bern) war die älteste Tochter von Albert Bitzius (Jeremias Gotthelf) und veröffentlichte unter dem Pseudonym Marie Walden zahlreiche realistische Erzählungen mit weiblichen Hauptfiguren ihrer Zeit, die am Rande der Gesellschaft lebten. Sie verfasste die Biografie ihres Vaters, ihres Bruders Albert Bitzius sowie ihrer Mutter Henriette Bitzius-Zeender. Darin würdigte sie deren Einfluss auf das Schaffen von Jeremias Gotthelf.

Die Löwin von Genf

Sie hatte Charisma, und sie hatte ein Anliegen: Emilie Gourd (1879–1946) war die erste Berufsfeministin der Schweiz. Die Genferin kämpfte für die französischen Ideale von Freiheit und Gleichheit für ihre Geschlechtsgenossinnen.

Emilie gähnt. Die Aussicht auf einen Abend, den sie mit pomadisierten Theologiestudenten ihres Vaters zubringen soll, ist öde. Viel lieber liest das Mädchen Zeitungen, die im Hause der Gourds stapelweise liegen; Magazine, Postillen aus dem In- und Ausland, die davon berichten, was sich jenseits ihres Milieus zuträgt, des aufgeklärten, liberalen protestantischen Genfer Bürgertums: «Gleichheit» und «Freiheit» leuchtet es aus den Zeitungsspalten! Das ist es, was Emilie erwärmt. Kein verliebter Blick eines Milchbarts könnte elektrisierender sein als die Schlagzeilen aus Frankreich, insbesondere jene in *La Fronde* von Marguerite Durand.

Marguerite Durand! So heisst die Pariser Schauspielerin und Journalistin, die die publizistischen Barrikaden der männlichen Vorherrschaft niederriss und eine feministische Tageszeitung gründete, die ausschliesslich von Frauen geführt wurde. *La Fronde* postuliert, dass Frauen als Anwältinnen zugelassen werden, Militärdienst absolvieren sollen, dass sie an Parlamentsdebatten teilnehmen … Marguerite Durand! Berühmt für ihre Eleganz, berüchtigt für ihre Exzentrik, mit einem zahmen Löwen durch die Strassen von Paris zu spazieren – und ihn «Tiger» zu nennen. Marguerite Durand! Emilie kann sich in den Artikeln der Suffragette nächtelang verlieren.

Emilie liest leidenschaftlich seit je; sie liest fliessend, seit sie fünf ist, sie lernt Deutsch – von der Mutter unterrichtet und auf die höhere Töchterschule in Genf vorbereitet, eine der ersten Mittelschulen der Schweiz. Dass Emilie mit dieser Ausbildung ihrem Berufswunsch nicht folgen kann, nicht Philosophin werden darf wie ihr Vater – die höheren Töchter sollen kein Latein lernen –, scheint *maman* lässlich. Sie möchte für ihre Einzige nur das Beste: das Kind mit einem ehrbaren Mitglied der Genfer Gesellschaft verbinden, von der auch sie abstammt. Gibt es Höheres für eine Frau?

Das gibt es tatsächlich, doch Emilie wird es nicht im Schoss ihrer Familie entdecken. Sie wird dessen gewahr, wenn sie mit ihrer Mutter in Genf unterwegs ist, um an Arbeiterinnen selbstgebackene Kuchen zu verschenken. Die Mittelschülerin aus Pregny-Chambésy entdeckt ihre Begeisterung für kämpferische Aktionen zugunsten unterprivilegierter Frauen in den Genfer Arbeiterquartieren.

Sie beteiligt sich am Feldzug aktivistischer Geschlechtsgenossinnen, «Goutte de Lait» (Milchtropfen), eine Kampagne gegen die hohe Säuglingssterblichkeit. Emilie bringt Arbeiterinnen bei, wie man Babynahrung hygienisch zubereitet; wie Gefässe sterilisiert, das Milchpulver dosiert, das Wasser abgekocht werden. Bei ebendieser Arbeit trifft sie Marie Champendal, die Ärztin, die 1900 als erste Genferin zum Dr. med. promoviert wurde und dann jene Säuglingsmilchküchen, Kinderkrippen eröffnete, an die Emilie ihr Herz verloren hat. An der Seite von Champendal beginnt die höhere Tochter mit den Militanten des Bundes Schweizerischer Frauenvereine zu debattieren (BSF, heute Alliance F, Bund Schweizerischer Frauenorganisationen), die für ihre Geschlechtsgenossinnen einen anderen Status als den «natürlichen Zustand» der Hausfrau und Familienmutter einfordern.

Sie ist noch nicht 25 Jahre alt, hat erfolgreich alle schmachtenden Blicke von Studenten abgeschmettert, als eine Herausforderung sie mitten im Herzen trifft: Sie soll die Generalsekretärin werden des BSF. Emilie Gourd akzeptiert, und die Dinge kommen ins Rollen.

Doch vorerst ist es doch ein Mann, der in ihr mehr sieht, als sie selbst sehen kann, es ist der religiös-soziale Genfer Grossrat und Journalist Auguste de Morsier. 1909 gründet er den Schweizerischen Verband für das Frauenstimmrecht, eine Frage, in der das Land noch lange gespalten sein wird. Und die junge Gourd soll dessen Präsidentin werden! Vierzehn Jahre lang wird Emilie in dieser Funktion Wegweisendes leisten.

Und sie bündelt ihr ungewöhnliches Schreibtalent, ihre pädagogischen Fähigkeiten und ihr grosses politisches Wissen für eine nächste, entscheidende Aufgabe: In der Funktion der Löwin von Genf, einer Nachfolgerin der publizierenden Dompteuse Marguerite Durand, gründet Gourd die Zeitschrift *Le mouvement féministe* (später *L'Emilie).* Diese ist ihr erzieherisches Sprachrohr und wird über laufende Kämpfe und zu führende Schlachten in der «Frauenfrage» berichten. Unterstützt von einflussreichen Männern, arbeiten die Redaktorinnen mit Leidenschaft an der Erlangung der staatsbürgerlichen Rechte für ihre Schwestern.

Und die ersten Früchte reifen schnell: Zu Beginn der Zwanzigerjahre wird «Fräulein Gourd» auf den Sekretärinnenposten des Internationalen Bundes für Frauenstimmrecht berufen. Von nun an reist sie als «fahrende» Sekretärin auf eigene Kosten von Land zu Land, befeuert vom Wunsch, «der Sache zu dienen». 1925 organisiert sie die erste kantonale Genfer Ausstellung über Frauenarbeit, die Vorläuferin der SAFFA, der Schweizerischen Ausstellung für Frauenarbeit, die 1928 in Bern stattfinden soll. 1929 wird sie im Völkerbund Beisitzerin im Komitee zum Schutz von Kindheit und Jugend.

Emilie Gourd ist jetzt «Feministin von Beruf» und investiert alle Lebenskraft und ihr gesamtes Vermögen in die Sache der Frau. Dafür lebt sie, darüber schreibt und spricht sie, auf unzähligen Konferenzen in der Schweiz und im Ausland – leidenschaftlich, wie man sie fürchtet, charismatisch, wie man sie bewundert. Und natürlich auch ablehnt, von Seiten der Männer mindestens so vehement wie von Seiten der Frauen. Will hier eine einen Keil zwischen die Geschlechter treiben?

Gourd will das Gegenteil, sie möchte Männer wie Frauen von ihrem Ideal der Gleichberechtigung überzeugen. In keinem anderen Sinn engagiert sie sich als eine der Ersten für eine Kranken- und Mutterschaftsversicherung oder kämpft für das Recht junger Frauen auf freie Berufswahl. «Gleichheit» steht auf ihrer Fahne, und deshalb lautet der Slogan, den Emilie Gourd 1925 prägt: «Gleicher Lohn für gleiche Arbeit». Er wird zum geflügelten Wort für nächste Generationen.

Die SAFFA ist der Höhepunkt, der von Gourds Talent für zugkräftige Parolen zeugt. 1928 sind die Frauen weit kämpferischer als in den späteren Jahren, die «Roaring Twenties» wirken auch hierzulande nach. Gourd entscheidet sich, den Genfer Beitrag zur Ausstellung so polemisch zu gestalten, dass er nicht zu übersehen und nicht zu überhören sein wird. Sie und ihre Westschweizer Mitkämpferinnen fahren nach Bern mit einer Riesenschnecke, die einen anspielungsreichen Namen trägt – «Frauenstimmrecht».

Zehrt der aufkommende Faschismus an ihr? Zugunsten ihres Ideals der Menschenrechte kämpft sie in der bleiernen Zeit für die Demokratie. Doch viel zu früh schwächt sie eine Krankheit, und Emilie Gourd stirbt 1946. Sie erlebt nicht mehr, wie ihr Heimatkanton im selben Jahr zum dritten Mal das Stimm- und Wahlrecht für Frauen ablehnt. Ihre Zeitschrift *Emilie* war bis Herbst 2009 das älteste feministische Magazin Europas, dann wurde es still um es. Doch Emilie Gourd hat ihr letztes Wort noch nicht gesprochen! Zum Hundert-Jahr-Jubiläum 2012 haben zwei junge Westschweizerinnen ihr Vermächtnis online neu lanciert.

Emilie Gourd (*19.12.1879 in Genf, †4.12.1946 in Genf) war die Schweizer Frauenrechtlerin der ersten Stunde schlechthin. Als Präsidentin zahlreicher Vereine und Organisationen engagierte sie sich in Genf, aber auch national und international für die politischen Rechte der Frauen. Gourd prägte den Slogan «Gleicher Lohn für gleiche Arbeit». Ihr Leitsatz war: «Ohne die Emanzipation der Frauen ist der Begriff der Demokratie nur Heuchelei und Lüge.»

Die widerspenstige Patriotin

Sie war Helvetiens «Famp», und sie hatte «Sechs-appil»: Elsie Attenhofer (1909–1999) kämpfte in den Dreissiger- und Vierzigerjahren als Kabarettistin gegen den Faschismus und verteidigte im In- und Ausland Schweizer Werte.

Die späte Oktobersonne lächelt. Jeanne Hersch ist da und Elisabeth Kopp, ungezählte Künstlerfreunde sind zugegen, an Regierungsräten amtierende und dekorierende: In der Kirche von Bassersdorf ist ein Loben und Orgeln im Gange zu Ehren einer alten Dame. Sie soll für ihr Demokratieverständnis und ihre Menschlichkeit eine goldene Ehrennadel des Kantons erhalten – doch die Gepriesene zeigt wenig Lust, manierliche Reden auch manierlich zu quittieren.

Elsie Attenhofer hat Ironie im Blut und Schneid im Leibe, sie ist 89 Jahre alt, doch blauäugig nur zum Schein. Sie bedankt sich, das Haupt erhoben: «Ich bin ja zutiefst gerührt, dass ich kurz vor meinem Ableben noch eine Medaille bekomme. Doch ich hoffe nur, dass ihr auch alles glaubt, was ihr Schönes über mich erzählt habt.» Die Orgel setzt aus und Schweigen ein.

Acht Monate später, im Juni 1999, stirbt Elsie Attenhofer tatsächlich. Die Schweiz verliert mit ihr ein kabarettistisches Kraftbündel, das sich mit niemandem gemein gemacht hat. Ihr gelang das Kabinettstück, sich in der Literaturgeschichte über antinazistischen Widerstand einen Ehrenplatz zu sichern – und gleichzeitig zitiert zu werden im Standardwerk «Die unheimlichen Patrioten».

Was war geschehen, am Lebensabend der Streitlustigen? Nichts, was nicht auch für ihr ganzes Leben Gültigkeit gehabt hätte: Elsie Attenhofer – Visitenkarte des antifaschistischen Cabaret Cornichon, Witwe des bedeutenden Germanisten und ETH-Rektors Karl Schmid – hatte aus ihrer «radikalen Mitte» heraus politisiert. Sie hatte sich öffentlich gegen den Kommunismus gewandt und in den Debatten um die Schweizer Vergangenheit im Zweiten Weltkrieg Stellung bezogen zugunsten der Aktivdienstgeneration. Politisch opportun war das nicht. Doch opportun war sie in keiner Hinsicht und zu keiner Zeit. Elsie Attenhofer lebte ein Leben, das sich seinen eigenen Massstab gesetzt hatte. Nur folgerichtig: Sie war die erste Zürcherin, die ab 1931 ein Brevet als Sportfliegerin besass.

Herbst, im Jahr 1939: Wieder ist es Oktober, doch dieser

Spätnachmittag ist mürrisch, ist ein durchschnittlicher Grenzbesetzungstag in Ambrì. Bewaffnet mit Blumensträussen, die man aus halbgefrorenen Gärten des Dorfes requiriert hat, ziehen Besucher aus Zürich ins Restaurant «Croce» ein. Der Saal ist zum Bersten voll. Erwartet wird eine junge Diseuse, die ihren ersten Soldaten-Liederabend gibt. Das Publikum: die Geb S Mitr Kp IV/10. Die Sängerin: Elsie Attenhofer. Ein Korporal installiert mit Drähten und Packpapier eine Art Bühnenbeleuchtung.

Da windet sich die Erwartete schon durch die Bankreihen, die Künstlerin macht selber Conférencen. Die ersten Worte klingen noch etwas unsicher. Aber dann folgt das erste Lied, ein kleines Liebeslied aus der Ostschweiz, «und schon ist das Wunder geschehen: Die Sängerin und hundertfünfzig Soldaten sind ein Herz und eine Seele!» So umschreibt später der Feuilletonredaktor und Mitbegründer der *Weltwoche,* Manuel Gasser, das Phänomen Attenhofer und seine Wirkung als Liebling der Soldaten. Dass dieselbe Person auch der Schrecken der Politiker war, eine potenzielle Gefahrenquelle für die offizielle Schweiz, das konnte man anderswo lesen.

Es stand, bereits 1936, in der Kampfschrift *Das Schwarze Korps,* einem Blatt, das in Deutschland erschien und genauestens protokollierte, was Fräulein Attenhofer und seine Gleichgesinnten im Zürcher Cabaret Cornichon – «Das Ensemble ist narzisstisch, die Kundschaft meist jüdisch» – öffentlich verbreiteten: «Eine einzige Verunglimpfung nationalsozialistischer Ideen und des Führertums!»

Das Cabaret Cornichon, von Max Werner Lenz und Walter Lesch im Frühling 1934 gegründet, um Schweizer Werte gegen den faschistischen Ungeist im In- und Ausland auf der Bühne zu verteidigen. Erst vier Jahre später wird der Bundesrat die «geistige Verteidigung» des Landes zur Bürgerpflicht machen. Doch für den wachen Lesch war bereits vorher klar: «Das Cabaret muss tendenziös, muss oppositionell, muss politisch sein.» Anlass der Gründung und Hauptgegner des «Cornichon» waren die Fröntler und ihre ideologischen Hintermänner in Deutschland und Italien. Attenhofer beschrieb später ihre Haltung als kritische Mitte, und dies dürfte für das ganze Ensemble gegolten haben, auch wenn etwa Lesch der SP verbunden war. Gleichzeitig war er auch ein Duzfreund und Verbindungsbruder von Heinrich Rothmund, der nachträglich beanspruchte, das Cabaret, das seit 1939 systematisch observiert wurde, protegiert zu haben …

Lesch engagiert Elsie, die Tochter einer Luganeser Hotelierfamilie – auf eine Empfehlung von Lenz, dessen Schülerin sie war –, als «komische Begabung» im Juli 1934. Und bereits mit ihrem Debüt als «Alkoholfreies Mädchen», einer Persiflage auf die alkoholfreien Restaurants, die gerade in Mode waren, war klar: Da stand ein neuer helvetisch-heimlicher «Famp» auf der Bühne, der dem sauren Gürkchen die letzte Würze geben würde! Diese Attenhofer hatte «Sechs-appil», spielte sich gerne dumm, weil ihr das Kluge selbstverständlich war. Sie heuchelte alle Jungferntugenden der Schweiz in prachtvoller Verschämtheit – den Teufel der Mondänheit im Nacken.

Ist sie stolz auf ihre Leistungen im Namen des «Cornichon»? Stolz wird sie später vor allem auf ihr eigenes Stück sein, ein frühes Plädoyer gegen den Antisemitismus in der Schweiz. «Aus Empörung über die Grausamkeit, welche an den Juden verübt wurde», verfasst sie 1943 das Zeitstück «Wer wirft den ersten Stein?». Dem Schauspielhaus Zürich ist das Eisen zu heiss, die Ablehnung durch das Basler Stadttheater erfolgt schnell. Erst im Oktober 1944, als sich Hitlers Niederlage abzeichnet, ermöglichen ein Ad-hoc-Ensemble und ein Basler Privattheater die Uraufführung – mit rasendem Erfolg.

Als sich die Grenzen wieder öffnen, reist Attenhofer umgehend nach Deutschland und trifft dort auf den Meister der politischen Anspielungen und Andeutungen, Werner Finck. Er verpflichtet sie an sein Theater «Die Mausefalle» in Stuttgart – doch Individualistin Attenhofer will sich ihre Unabhängigkeit nicht nehmen lassen. Sie schreibt sich ihr eigenes Programm, «One-Woman-Show», und tourt damit bis in die Siebzigerjahre durch Europa. Sie spielt in vier Sprachen eine Best-of der «Cornichon»-Texte. Zurück bleibt ihre Familie.

Das Dilemma der Mutter als Künstlerin wird Elsie Attenhofer zeit ihres Lebens nicht lösen. Ihre Arbeit ist Karl Schmid fremd – er nennt sie in Briefen (stolz?) ein «unheimliches Pfüpflein» –, und 1972 nimmt sie seinetwillen Abschied von der Bühne. Nach seinem Tod wird sein Nachlass ihr Leben bestimmen; und im 1989 erschienenen Erinnerungsband «Réserve du Patron» führt sie mit Schmid ein imaginäres Gespräch über ihrer beider Leben. In seinen Papieren entdeckt sie eine Liebeserklärung von Thomas Mann. «Ich war verliebt in Sie zur Maienzeit meiner sechzig Jahre», schrieb er ihr im November 1950. Ihr Gatte hatte ihr den Brief unterschlagen! Ein Stich ins Herz, doch keine Gefühle. Elsie Attenhofer ist empfindlich nur bei einem: Man soll sich an sie erinnern als die Hüterin jenes satirischen Eigengewächses, des «Cornichon», das sich der Devise verpflichtet hat: «C'est le ridicule qui tue.»

Elsie Attenhofer (*21.2.1909 in Lugano, †16.6.1999 in Bassersdorf) war Filmschauspielerin, Autorin, Pilotin und die Grande Dame des Schweizer Kabaretts. Sie war die prominenteste Darstellerin des antifaschistischen Cabaret Cornichon, schrieb mit einem eigenen Theaterstück gegen Anpassung und Antisemitismus an und tingelte mit ihrer «One-Woman-Show» quer durch Europa. Ein Jahr vor ihrem Tod verlieh ihr die Stadt Zürich eine Ehrenmedaille für ihr «Engagement für Demokratie und Menschlichkeit».

Die Salon-Wilde

Sie schlief selten mehr als vier Stunden und raubte durch ihre Wachheit Geliebten, Dichtern, auch Napoleon den Schlaf: Unter dem modischen Turban der politischen Denkerin Madame de Staël (1766–1817) vereinten sich Geist und Macht.

Das letzte Duell der Giganten findet im Salon statt. Der mächtigste Mann Europas trifft auf seine mächtigste Gegnerin: Germaine die Grosse, bewundert für ihren messerscharfen Verstand, gefürchtet für ihre lose Zunge. Es sind ihr Einfluss und ihr Lebenswandel in den Revolutionsjahren ab 1780, die zum Ondit geführt haben: «Die Royalisten empfängt sie am Morgen, die Girondisten zum Diner, die Jakobiner zum Souper – und bei Nacht empfängt sie jedermann.» Zum Treffen mit Napoleon trägt Madame ihren Turban. Man schreibt den Winter 1800/01, und die Kollision des «Kaisers der Materie» mit der «Kaiserin des Geistes», wie der Kritiker Charles Augustin Sainte-Beuve später spotten wird, ist nicht mehr aufzuhalten.

Napoleon Bonaparte und Baronin Anne Louise Germaine de Staël, früher seine Sympathisantin, heute seine Widersacherin; spätestens seit dem Staatsstreich 1799 ging auch sie in Opposition zum Ersten Konsul der Republik. Lange Jahre hatte sie ihn mit Briefen umworben, Elogen an den «kühnen Krieger», Ehrerbietungen an den «tiefen Denker». Er hatte ihre Nähe gemieden, eine Unruhestifterin, das witterte er, eine Unberechenbare, die ihm gefährlich werden konnte – und es jetzt auch geworden ist. In de Staëls Salon verkehren seine Gegner, Geschmeiss wie ihr Liebhaber, der Lausanner Schriftsteller und Politiker Benjamin Constant. Sie liess ihn mit Hilfe von Napoleons älterem Bruder ins Tribunat befördern; später wird sie dem Machthaber in ihrem Roman «Delphine» die Revolutionsideale aus weiblicher Sicht vorrechnen – Ketzerei allenthalben.

Im Winter 1800/01 fürchtet Napoleon Madame de Staël mehr als die gesamte österreichische Armee. Noch wird er sie nicht als «Wahnsinnige» brandmarken; noch wird er sie nicht aus Paris verbannen. Noch wählt er erst das tödlichste Geschütz der Diplomatie, das er, unbewaffnet, auf sich trägt: Er misst seine Feindin mit den Augen eines Mannes. Mit Blick auf ihr gut gefülltes Décolleté spielt er den Geometer: «Sie haben Ihre Kinder gewiss selber gestillt.»

Darauf bleibt sogar die zungenfertigste Frau für Momente sprachlos. Denn Napoleon schlägt de Staël mit ihrem eigenen Argument. Er pariert ihren Stoss, den sie gegen ihn führte, als man sie vor seinen Privatgemächern, in die sie Einlass forderte, einstens abgewiesen hat. Man hatte ihr beschieden, Napoleon nehme ein Bad, und sie hatte gekontert, was just auf ihrer spitzen Zunge lag: «Das Genie hat kein Geschlecht!» Nun hält er ihr das Nämliche vor: dass sie ist, was sie nicht ändern kann, nämlich Frau und – vierfache – Mutter. Ein geschlechtliches Wesen *alors* – und damit dem Genie für immer verloren.

Madame de Staël, Propagandistin des Geniekults – in dessen Epizentrum sie selber stand. Woher nahm sie die Impertinenz, sich mit der Macht anzulegen? Gab es eine genetische Prädisposition? Womöglich: Germaine de Staël ist die Tochter von Jacques Necker, Finanzminister von Ludwig XVI.

Jacques Necker, Genfer Bankier, Finanzgenie mit selbstherrlichen Zügen, von Genf an den Hof gesandt. Necker ist Teil der Geschichte der Französischen Revolution, zeitweilig gilt er als Retter Frankreichs, seine Entlassung zumal trägt wesentlich zum Sturm auf die Bastille bei. Die Eisen für seine Karriere schmiedet Madame Necker, Germaines Mutter, und zwar in ihrem Salon, wo sich die klügsten Köpfe des Landes versammelten, Philosophen, Staatsmänner, Diderot, Voltaire.

Und Germaine? Schon als Kind sitzt «Minette» jeden Freitag dabei, kerzengerade auf einem Schemel zu Füssen ihrer Mutter. Herausgeputzt nach Rokoko-Manier, disputiert das Kind mit den Erwachsenen. «Man macht sich einen Spass daraus, dieses kleine Stück blendenden Geistes herauszufordern, zu verwirren, anzuspornen», notierte eine Freundin. Mit fünfzehn Jahren verfasst Germaine einen Kommentar zu Montesquieus Verfassungsschriften: ein Wunderkind!

Ihre Erziehung schwankt zwischen Vernachlässigung und Überforderung, das Mädchen leidet unter den pädagogischen Experimenten der kühl-calvinistischen Mutter, die sie im Geiste von Rousseau – oder was sie dafür hält – aufwachsen lässt.

Das Ergebnis: Germaine de Staël wird eine ungehemmte Wilde des Salons, die sich dem mütterlichen Joch widersetzt und ihren Vater zum Idol ihres Lebens stilisiert: «Unter allen Männern der Welt ist er derjenige, den ich mir als Liebhaber gewünscht hätte.» Um wie viel nüchterner kommentiert die Zwanzigjährige, eine der reichsten Erbinnen Europas, ihre Heirat mit dem schwedischen Botschafter in Paris, Baron Erik Magnus Staël von Holstein! «Er wird mich nicht unglücklich machen, aus dem einfachen Grund, weil er zu meinem Glück nichts beitragen kann.»

Doch in diesem Urteil ist sie ungerecht. «Le petit Staël», ihr Mann, mag sich als Mitgiftjäger erweisen, immerhin bringt er sie an den Hof von Paris, ins Zentrum der Macht – wo sie teilhat am Fluidum, das sie zum Leben braucht wie andere die Luft zum Atmen: die Gesellschaft inspirierender Geister. Die junge Botschaftergattin übernimmt mit sanfter Gewalt den Salon ihrer Mutter, entmachtet ihren Mann und beginnt, ihr Leben zu inszenieren. Sie wird die Muse des revolutionären Aufbruchs und verfasst nebenbei ein bedeutendes schriftstellerisches Werk: Literatur gegen die Doppelmoral und gegen Vorurteile, sei es ihre eigene Person oder die Rolle der Frau allgemein.

Ab 1789 treffen sich an der Rue du Bac Vertreter aller politischen Richtungen; noch unterstützt Germaine die Monarchie, und sie arbeitet mit an einer ersten zivilen Verfassung Frankreichs. Nach dem Sturm auf die Bastille entwirft sie gar einen Fluchtplan für Marie Antoinette, doch von einer Frau, die nicht nur dem freien Geist, sondern auch der freien Liebe frönt, will sich die Königin nicht helfen lassen. Die Folgen sind bekannt. Mit mehr Glück verhilft Germaine zahllosen aristokratischen Freunden zur Flucht aus Paris; sie selbst flieht im September 1792 nach Coppet, ins Schloss ihrer Familie am Genfersee.

Und hier beginnt ein zwölfjähriges Exil. Doch die Schweiz ist für sie «ein Grab, in dem man Post bekommt». Neugierig, wie sie ist, muss sie reisen! Auf der Flucht vor der ländlichen *ennui* durchquert de Staël halb Europa, Kräfte gegen Napoleon will sie mobilisieren, ihr auf den Fersen die Spione diverser Mächte. Im Eiltempo erkundet sie unterwegs das deutsche Wesen und verschafft ihm im Buch «De l'Allemagne» Weltgeltung. Ihr Temperament wirkt nachhaltig: In Weimar schiebt Goethe Schiller vor, um die exaltierte «Weltfrau» nicht treffen zu müssen, und Schiller stöhnt nach ihrer Abreise: «Mir war, als hätte ich endlich eine ernste Krankheit überstanden.» Auf Heine hat ihr Auftritt die Wirkung eines «Sturmwinds in Weibskleidern». De Staël ist für die nüchternen Deutschen eine Bacchantin der Revolution.

In Coppet richtet sich Germaine einen Hort des Widerstandes gegen Napoleon ein und einen erotischen Musenhof mit langjährigen Liebhabern und Getreuen: Constant, Adelbert von Chamisso, die Lebensfreundin Juliette Récamier ... Sie ist erst 51 Jahre alt, als sie 1817 einen Gehirnschlag erleidet, und sie weiss, das Ende ist nah. Doch noch ist nicht Zeit zu gehen. Sie tritt ab an einem politischen Datum, dem 14. Juli, dem Jahrestag des Sturms auf die Bastille.

Baronin Anne Louise Germaine de Staël-Holstein (*22.4.1766 in Paris, †14.7.1817 in Paris), bekannt als Madame de Staël, war Publizistin, Politikerin und Napoleons Erzfeindin. Die Tochter der Genfer Schriftstellerin Suzanne Curchod und des Bankiers Jacques Necker, Finanzminister unter Ludwig XVI., betrieb einen legendären Salon, wo ein Grossteil der ersten Verfassung von 1790 entstand. Ihr Buch «De l'Allemagne» begründete den Mythos vom «Land der Dichter und Denker».

Die blutige Braut Christi

Sie rang mit dem Teufel, tat Wunder und rettete die wertvollen Schriften des St. Galler Klosters: Die Gottesliebe der adeligen Wiborada, die 926 den Märtyrerinnentod starb, war so gross, dass Rom sie als erste Frau heiliggesprochen hat.

Der Teufel ist ein Schwein diese Nacht. Sein Grunzen, sein Gestank, seine stechenden Augen. Jetzt singt er gar! Der Teufel singt den 90. Psalm! «Herr, Gott, Du bist unsere Zuflucht für und für ...» Es ist Wiboradas liebstes Lied, und als Kind trug sie es so schön vor in der heiligen Messe, dass die Gemeinde von einem Wunder sprach. Die Jungfrau bekreuzigt sich, und sie bekreuzigt das Schwein – der Teufel quiekt, schäumt aus dem Maul, die Augen blutunterlaufen, die Hufe in die Erde gestemmt. Und dann fährt er auf und davon, unter Hinterlassung eines bestialischen Gestankes. Wiborada, die Standhafte, fasst ihre Geissel und schlägt sich, bis der Rücken blutet. Dann legt sie den Kopf wieder auf einen Holzpflock, ihr Kissen, zur Ruh'.

Wann hatten die nächtlichen Versuchungen begonnen? Die Himmelsbraut weiss es längst nicht mehr. Sie ist eine Berufene, das wusste sie schon als Kind. Tugendhaft sei sie schon als Mädchen gewesen, sagt man, die adelige Tochter einer Thurgauer Familie, asketisch im Lebenswandel, wohltätig in ihrem Verhalten. Eifert sie ihrer jüngeren Schwester nach, die als Heilige galt? Nie sah sie ihre Schwester spielen, mit andern herumtollen. Tagaus, tagein betete diese, fastete oft drei Tage lang, bat Gott um Erlösung von ihrem irdischen Dasein – wurde erhört und starb blutjung. Wiborada hat den Tod ihrer kleinen Schwester nie verwunden.

Es bleibt ihr noch der Bruder, Hitto, der in St. Gallen die Klosterschule besucht hat; ein Gottesfürchtiger auch er, im Dienste des Herrn als Priester in St. Gallen. Noch ist sie keine zwanzig, als sie ihn dazu überredet, sie nach Rom zu bringen. Ganz nah will sie dem Allerheiligsten sein. Und dort, in der gesegneten Stadt, muss es geschehen sein, keiner hat je erfahren, wie und wann. Nur Hitto war Zeuge, und er berichtet später, dass er drei Tage lang nach der Schwester suchte, dass er das Forum auf und nieder lief und durch die Hallen des Kolosseums und unterm Konstantinsbogen durch bis zum vierstirnigen Janus am Tiber. Wiborada blieb unauffindbar. Doch am Morgen des vierten Tages kam sie zum Salarischen Tor herein und trug ihr Haupt hoch und ihre Augen leuchtend. Und nichts war von da an, wie es gewesen war.

Zu Hause härtet sich Wiborada noch unerbittlicher in ihrem kalten Feuer aus Fasten, Beten und Selbstkasteiung. Und jedermann, der der Pflege bedarf, findet bei ihr eine offene Tür; Bekannte, Unbekannte, Einheimische, Fremde, Wiborada kümmert sich um alle nach dem Vorbild ihres Herrn und Gebieters.

Im Jahr 912 ist diese Hingabe an den Einen noch nicht genug. Mit Bischof Salomo von Konstanz, er ist auch Abt von St. Gallen, reist sie in die Stadt des Gallus. Sie will als Reklusin leben! Eingemauert in einer Zelle ohne Tür, ein Guckloch in die Kirche als Blick ins Paradies, ein kleines Fenster als letzte Verbindung zu allem Irdischen; Wiborada entscheidet ihr Schicksal. Sie trägt fortan eine Kutte aus hartem Ziegenhaar und eine Eisenkette als Gürtel. Vier Jahre lang ein Probeleben als Eremitin in einer Zelle bei der Kirche St. Georgen, so will es die Vorschrift. Oder – die Mode?

Den Kampf mit dem Teufel auf eigene Faust bestehen, ohne die Hilfe einer Gemeinschaft – was kann es Höheres geben für eine, die die Neigung zum Mönchsleben verspürt? Wiborada folgt den Anweisungen des heiligen Benedikt, wie es häufiger Brauch ist. Nach der vierjährigen Bewährungsfrist wird für sie eine Zelle an der Kirche St. Mangen errichtet.

An diesem Tag gibt ihr der Bischof selbst das Geleit. Er legt ihr den schwarzen Schleier um, er führt sie an der Hand in ihre Klause, er segnet sie. Dann nimmt er die Maurerkelle und den ersten Stein, den zweiten, dritten und den vierten. Der Bischof selber mauert Stein auf Stein, bis der Eingang verschlossen ist. Er drückt sein Siegel in das Blei und verlötet die Fugen. Wiborada ist nun von der Welt geschieden. Wer dabeisteht, weint, Mönche singen, doch ganz so, als würde jemand begraben, dumpf und traurig, wie Augenzeugen sagen.

Wiborada ist jetzt Reklusin, Eingeschlossene, Klausnerin, vergleichbar mit dem Säulenheiligen, der sein Leben auf dem

Kapitell einer Säule zubringt. Zwar ist sie im Unterschied zu ihm behaust, und immerhin muss sie nicht stehen, als Zeichen grösstmöglicher Askese. Doch mit dem Säulenheiligen teilt sie das Gelübde der *stabilitas loci* (Verweilen an einem Ort). Weiss sie, dass dies ihr Todesurteil sein wird?

Das Leben Wiboradas zieht Kreise: Andere Frauen folgen ihrem Beispiel, und unter ihrer Leitung bildet sich im Schatten des Gallusklosters eine Gemeinschaft von Reklusinnen, die bis in die Reformation weiterleben wird. Die Jungfrau ist ihre geistige Mutter, die Rat weiss und hilft, wo immer Hilfe nottut. So wird sie zur weiblichen Ratgeberin für das Volk von nah und fern, zum Wiberat, Frauenrat, zur Wiborada eben.

Zehn Jahre lang lebt sie so und mehrt ihren Ruf, denn die Eremitin wird bekannt für ihre Prophezeiungen und Wunder: Gallus erscheint ihr und sagt ihr ein Unglück von Mönchen auf dem Bodensee voraus. Einem Klosterschüler soll sie die Berufung zum Bischof von Augsburg vorausgesagt haben ... Ihren wohl wichtigsten und schicksalhaftesten Rat aber gibt sie im Jahr 925 Abt Engilbert vom Kloster St. Gallen: Wiborada sieht den Überfall der Ungarn voraus und mahnt, den Kirchenschatz und die Bibliothek auf einer Fluchtburg in Sicherheit zu bringen. Die Insel Reichenau muss es sein, niemals würden Berittene eine Insel einnehmen!

Horribile dictu, im Frühjahr 926 fallen die Ungarn ins Land ein. Doch die Bücher sind in Sicherheit! Die Manuskripte der Mönche und Buchmaler, die Handschriften des Gründerabtes Otmar, das älteste Buch in deutscher Sprache sowie das 920 in St. Gallen abgefasste Liedbuch – die Schätze des Stifts, die Kostbarkeiten einer der ruhmreichsten Klosterbibliotheken der Welt.

Und Wiborada? *Stabilitas loci* schwor sie ihrem Herrn und Bräutigam dereinst. Sie kann das Gelübde nicht brechen. Sie wird in ihrer Zelle bleiben – sie wird sterben, wenn es so sein soll! Keine Bitte von Bruder Hitto kann sie rühren, nicht das Flehen von Engilbert, der ihr ins Gewissen redet, Mitleid zu zeigen mit sich selbst. Auch jetzt ist Wiborada die hartgeschmiedete Bemeisterin jeder Empfindung.

Die Ungarn kommen näher, die letzten Mönche fliehen auf eine Insel der Sitter, schon brennt die Kirche St. Mangen – und jetzt brennt auch Wiboradas Klause! Doch wie ein Wunder erstickt das Feuer an sich selbst. Die Feinde finden keine Tür und dringen durch das Dach ihrer Zelle. Wiborada kauert vor ihrem Altar, die Teufel glauben sie schlafen, und mit drei Schlägen spalten sie ihren Kopf.

Doch das Ende ist erst der Beginn: An ihrem Grab grünt im Winter ein Fenchel. Ein Licht wird vom Himmel her angezündet, dort, wo sie begraben liegt; eine Kranke erlangt ihre Gesundheit wieder am Grab der sagenhaften Reklusin. Clemens II. wird sie im Jahr 1047 heiligsprechen. Zumindest das ist keine Legende. Wiborada ist nicht nur die erste Schweizer Heilige, sondern die erste Frau überhaupt, die von einem Papst im offiziellen römischen Verfahren mit solchen Würden bedacht wird.

Wiborada (althochdeutsch: Wiberat – Frauenrat; *Ende 9. Jh. bei Konstanz oder Altenklingen, †926 in St. Gallen) wurde als erste Frau von der katholischen Kirche heiliggesprochen. Die adelige Tochter fungierte aus ihrer Zelle als Ratgeberin für Klerus, Adel und Volk und rettete durch ihre Vision die Klosterbibliothek St. Gallen – und somit das älteste Buch deutscher Sprache – vor dem Einfall der Ungarn. Sie selbst wurde beim Überfall erschlagen.

Mutter Courage der Medizin

Mit ihrem Starrkopf sorgte sie für einen Sturm der Entrüstung im Seziersaal und im ganzen Land: Marie Heim-Vögtlin (1845–1916) studierte als erste Schweizerin in Zürich Medizin und eröffnete als erste Frauenärztin Europas ihre eigene Praxis.

«Dr. Med. Marie Vögtlin: Arzt für Geburtshülfe und Frauenkrankheiten, Hottingerstrasse Nr. 425. Sprechstunde täglich von 10–12 Uhr». Das Inserat im *Tagblatt der Stadt Zürich* und in der *Neuen Zürcher Zeitung* teilt am 12. Juli 1874 einer entsetzten Öffentlichkeit mit, dass die erste Schweizer Ärztin ihre Arbeit aufnimmt. Marie Vögtlin, Tochter des Dorfpfarrers von Bözen im Fricktal, verheiratet mit Albert Heim, Geologieprofessor am Zürcher Polytechnikum.

Nur wenige Tage vorher hat sie ihre Doktorprüfung an der Universität Zürich abgelegt, der ersten europäischen Hochschule, die seit sieben Jahren auch Frauen das reguläre Studium erlaubt. Jetzt steht ihrem Lebenstraum nach jahrelangem Kampf nichts mehr im Weg, und keiner wird sie daran hindern, endlich zu tun, was getan werden muss. Helfen können, das ist ihr heisser Wunsch, seit sie als junge Frau in Armenschulen und im Kinderspital in Brugg – die Gründung ist eine Pioniertat ihrer Tante, Rosa Rahn-Vögtlin – die Not sah, die überall zu gross ist. Sie will ihr Leben den Kranken und Benachteiligten widmen, Frauen vor allem, deren Versorgung im Wochenbett äusserst unzureichend ist. Bereits am ersten Tag der Praxiseröffnung ist das Wartezimmer bis auf den letzten Stuhl besetzt.

Es sind Patientinnen aller Schichten, und sie behandelt die Bedürftigen unter ihnen praktisch unentgeltlich. Ein symbolischer Obolus, der verhindern soll, dass sie sich als Almosenempfängerinnen fühlen. Der Arzt Marie ist schon nach wenigen Monaten nicht nur wegen seines Könnens, sondern auch wegen seiner grossen Hilfsbereitschaft weit über die Stadt- und Landesgrenzen bekannt.

«Die Frauenzimmer kommen!», ist der Schlachtruf an der Zürcher Hochschule, als die ersten Medizinstudentinnen im Präpariersaal der Anatomie auftauchen – Russinnen, verspottet als «Kosakenpferdchen», eine Amerikanerin, eine Engländerin und als einzige Schweizerin Marie Vögtlin. Der Saal ist dicht gefüllt, Mitläufer aus allen Fakultäten sind gekommen und wollen die Fabelwesen begaffen, den Auftritt der jungen Frauen in ihren unweiblichen, uneleganten grossen Schürzen, und jetzt lärmen sie, schreien, johlen, pfeifen! Doch der Tumult legt sich rasch, denn – welche Enttäuschung für die Lästermäuler – keine der Kommilitoninnen fällt beim Sezieren der Leichen in Ohnmacht!

Marie hat sich auf ihr Studium heimlich vorbereitet, frühmorgens oder beim Kochen, Vater und Schwester durften nichts davon wissen, arbeitet sie Latein- und Mathematikbücher durch. Und als sie ihre Pläne dann doch öffentlich machen muss, ihren Vater schriftlich davon unterrichtet – nie hätte sie gewagt, dem gestrengen Pfarrer dabei in die Augen zu sehen –, widerfährt ihr das Erwartete: Maries Berufswunsch wird zum öffentlichen Skandal!

Ein Sturm der Entrüstung bricht los, und er reicht weit über ihren Heimatort Bözen hinaus. Das ganze Land wird davon erfasst, und in den Spalten der meinungsführenden Blätter, der *Neuen Zürcher Zeitung*, des Berner *Bunds*, wird Ungemach gewittert und Unsitte verkündet. Warum will es eine unbedingt den Männern gleichtun, wo doch die körperlichen Kräfte der Frauen viel geringer sind? Von der sittlichen Gefährdung ganz zu schweigen! Hat sie kein Ehrgefühl, den guten Ruf der Familie derart aufs Spiel zu setzen? Es mochte ja noch angehen, dass ein paar schamlose Ausländerinnen in Zürich studierten, aber eine ehrbare Schweizerin! Die Tochter eines Aargauer Dorfpfarrers und einer Mutter aus einer Thurgauer Theologendynastie! Und Marie? Sie ist ein Starrkopf und schreibt einer Freundin: «Je mehr man an meinen Plänen rüttelt, desto fester wird meine Überzeugung und mein Entschluss, je mehr man mich entmutigt, desto mutiger werde ich.»

Und dann geschieht, was selbst der Trotzkopf nicht voraussah oder doch nur heimlich zu hoffen wagte: Nach langem Bedenken willigt ihr Vater ein. «Eine heldenhafte Liebestat!», jubelt sie in einem Brief. Vielleicht ahnt er, dass die Verweigerung seiner Erlaubnis seine beharrliche Tochter in Verzweiflung gestürzt hätte. Doch Marie wird sein Einverständnis und das der Behörden in Zukunft noch für zahllose weitere Schritte brauchen. Ohne väterliches Plazet wird sie nicht zum Examen zugelassen, und der Herr Pfarrer muss ein letztes Mal intervenieren, als sie ihre Zulassung für ihre Praxis beantragt. Nach dem Staatsexamen darauf wartend, in Zürich ihren Beruf ausüben zu dürfen, geht Marie für einige Monate zu medizinischen Ergänzungsstudien nach Leipzig. Sie arbeitet als Assistentin in Dresden und beginnt dort ihre Dissertation «Über den Befund der Genitalien im Wochenbett». In Leipzig ist sie die einzige Frau unter dreitausendzweihundert Studierenden, und ihre Professoren können ihr das Pfeifkonzert der Kommilitonen nur ersparen, indem sie sie in einem Vorzimmer warten lassen – und gemeinsam mit ihr den Hörsaal betreten.

In Zürich will Marie Heim-Vögtlin aber nicht nur als praktizierende Gynäkologin reüssieren. Sie will Kinder, hat zwei eigene, nimmt eine Pflegetochter auf und erfüllt die aufwendigen häuslichen Pflichten, die an zwei Wohnsitzen anfallen. Neben dem Haus in Hottingen unterhält die Familie am ländlichen Zürichberg ein Chalet ohne Wasser und Strom, die Kinder sollen der Natur nah sein und nicht verzärtelt aufwachsen. Marie ist und bleibt eine Frau ohne Ansprüche an Komfort, und wer sich darüber mokiert, bekommt von ihr zu hören: «Man kann intelligent sein, unabhängig und trotzdem den Garten selber machen.»

Sie erfüllt die Erwartungen des Ideals des 19. Jahrhunderts: Sie ist mütterlich, aufopfernd, selbstlos. Doch das eine ist ohne das andere weniger als die Hälfte: Die Berufsfrau und Mutter, «Volksmutter» für viele, wähnt sich im Stande eines Vorbildes, das auch gesellschaftlich wirken soll. So finanziert sie ganz oder teilweise die Ausbildung angehender Ärztinnen. Sie ist in der Abstinenzbewegung aktiv. Sie will zur «Hebung der Sittlichkeit» die Prostituierten von der Strasse holen und beteiligt sich an der Einrichtung eines sogenannten Asyls. Und sie realisiert gemeinsam mit Anna Heer in Zürich die Schweizerische Pflegerinnenschule mit Frauenspital. Ihr zu Ehren erfolgt die Grundsteinlegung am 11. Juli 1899, am gleichen Tag, an dem sie 25 Jahre zuvor ihre Doktorprüfung abgelegt hatte. Marie wird die Kinderabteilung leiten.

Sie selbst sagt es so: «Die Verantwortung, die ich auf mich genommen habe, ist gross. Ich fühle, dass ich im Namen eines ganzen Geschlechts dastehe, und wenn ich meinen Weg schlecht mache, für mein ganzes Geschlecht ein Fluch sein kann.» Albert Heim, ihr Mann, hat inzwischen als Geologe Karriere gemacht. Als Präsident der Schweizerischen Geologischen Kommission und Experte für Tunnelbau bereist er die ganze Welt, und er fliegt als Erster mit dem Ballon «Wega» über die Alpen. Maries Wirkungskreis muss sich auf ihre Praxis, ihre wissenschaftliche Arbeit und auf die Kinderfürsorge beschränken. Rastlos ist sie tätig, bis sie an Tuberkulose erkrankt, von der sie sich nicht mehr erholt. Sie stirbt mit 71 Jahren, wie sie gelebt hat: auf den Knien eine Liste mit Dingen, die für ihre Schützlinge zu besorgen sind.

Marie Heim-Vögtlin (*7.10.1845 in Bözen AG, †7.11.1916 in Zürich) war die erste Schweizer Ärztin, Vorkämpferin für das Frauenstudium, Mitbegründerin des ersten Schweizer Frauenspitals und Helferin der Armen. Die Gynäkologin engagierte sich mit Vorträgen und Schriften in sozialen Fragen und bekannte an ihrem Lebensende: «Mein Ideal ist es immer gewesen, ganz reich zu werden, um recht helfen zu können, nicht nur *tröpfli*weise.» Seit Sommer 2020 trägt ein Hörsaal des Departements Gesundheit der Zürcher Hochschule für Angewandte Wissenschaften ZHAW den Namen Marie Heim-Vögtlin.

Die mannhaft Unsichtbare

Tags ist sie Lehrerin, nachts tanzt sie öffentlich so wild, dass das Publikum nach der Polizei ruft: Sophie Taeuber-Arp (1889–1943), Architektin der Sixtinischen Kapelle der Moderne, ist eine grosse Vergessene der Kunstgeschichte.

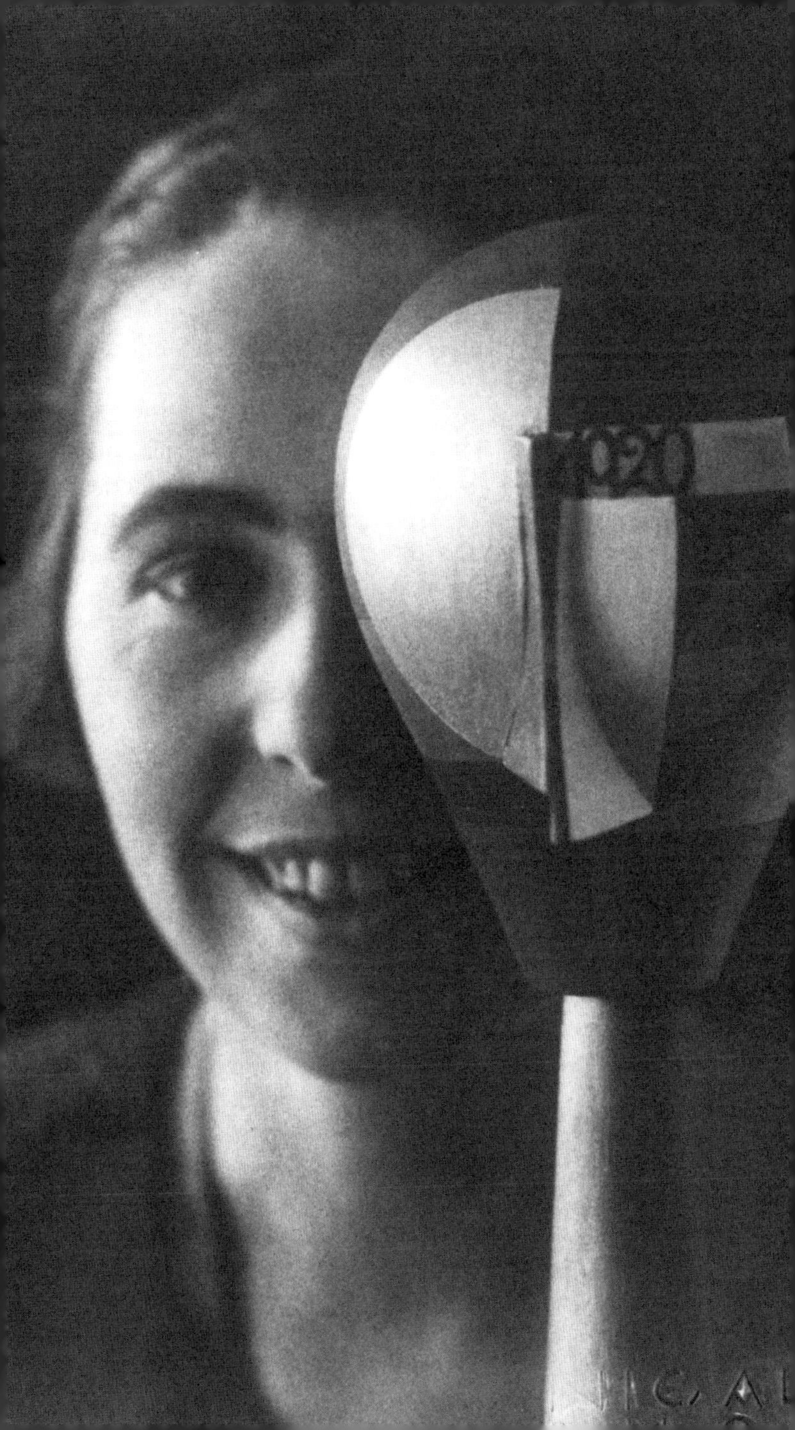

Die Königin tanzt! Sophie Taeuber tanzt Hugo Balls «Gesang der Flugfische und Seepferdchen», und es ist ein Tanz voller Spitzen und Gräten. Eine Narretei, eine ironische Glosse, eine Kaprize – Dada eben, das bedeutende Nichts, an dem nichts etwas bedeutet. Die Dada-Königin Sophie, eine Schülerin des Tänzers Rudolf Laban, fühlt sich in ihrem Element. Alles, was der jungen, zurückhaltenden Textilgestalterin sonst schwerfällt, hier kann sie es ausdrücken: Temperament, Sinnlichkeit, Fantasie.

Sophie tanzt mit ihrer Freundin Mary Wigman in Labans Atelier an der Zürcher Seehofstrasse und im Sommer auf dem Monte Verità – doch am liebsten tanzt sie heute und hier: 1917 im Cabaret Voltaire an der Spiegelgasse, getreu dem Motto von Hans Arp: «Man soll seinen Viktor nicht unter den Scheffel stellen.» Ein Protest gegen die Raserei des Weltkriegs durch Provokation. Das Publikum wird nach der Polizei rufen, nach dem Irrenarzt, nach dem Verbandskasten ...

Für Sophie Taeuber ist Dada nur ein Teil ihres Lebens. Sie ist die Einzige in der Dada-Gruppe, die einen soliden Beruf ausübt und regelmässig Geld verdient. Die Tochter eines preussischen Apothekers und einer Appenzellerin, die ihre Kinder nach dem Tod ihres Ehemanns allein aufzieht, in Trogen die «Pension Taeuber» eröffnet und führt, unterrichtet an der Textilklasse der Zürcher Kunstgewerbeschule: Komposition, Sticken und Weben. Ein Beruf, der Berufung ist.

Sie will bei jungen Menschen Verständnis wecken für die Kunst, die Moderne vor allem. Dass einer ihrer Studenten der spätere Avantgardist Max Bill ist, wird in Sophies Zukunft einmal schwer wiegen. Doch noch besucht sie mit ihrer Klasse Museen, Ausstellungen und auch die Soireen des Cabaret Voltaire. Die Direktion schäumt. Dada, ist das jugendfrei? Vereinbar mit dem Erziehungsauftrag einer Lehrerin? Direktor Alfred Altherr verbietet der Lehrerin die Teilnahme an dadaistischen Veranstaltungen, doch sie tanzt weiter – versteckt hinter den furchterregenden schamanistischen Masken von Marcel Janco.

In ihrem Unterricht ist sie bestrebt, «ihren Schülerinnen einen Begriff von den Problemen der Zeit zu vermitteln, so dass diese nicht ins sinnlos Kunstgewerbliche abglitten ...» So sah es in der Rückschau Max Bill. Ein anderer ist spöttischer: «Scharen junger Mädchen [...] mit dem brennenden Wunsch, unaufhörlich Blumenkränze auf Kissen zu sticken. Die grauenhaftesten Vorbilder spukten in diesen rosigen Jungfrauen, doch Sophie gelang es durch Sanftmut und Güte, die meisten zum Quadrat zu führen.» Das Quadrat ist ihr bevorzugtes Sujet, wie es unabhängig von ihr auch Mondrian, Malewitsch oder ihr Landsmann Johannes Itten entwickelt.

«Güte» und «Sanftmut» will Hans Arp in Sophie entdeckt haben, zumindest postum. Der Elsässer ist nicht nur ein talentierter Maler und Bildhauer, er ist auch ein ausserordentlicher Charmeur. 1915, Sophie ist 26 Jahre alt, gerät auch sie in seinen Bann. Die beiden gestalten fortan gemeinsam geometrische Collagen und Holzplastiken. Später wird sie Arp heiraten und mit diesem Entschluss besiegeln, dass sie sich in seinen Schatten stellt, ihn finanziert, ihn organisiert, ihm selbst die Fahrkarten löst, er fühlt sich dazu nicht imstande ... Eine Freundin, Claire Goll (bürgerlich Claire Studer), beschreibt die Sophie jener Tage: «Sie macht keinen Unterschied zwischen Geschirrspülen und Dichten, Sticken und Schuheputzen.» Ein Leben im Einklang zwischen ihrer Bestimmung als modernistische Künstlerin und der Rolle als Hausfrau? Sophie Taeuber und Hans Arp, ein Paar von heiterer Harmonie? Für ihre Freunde wirkt es so, man ist fasziniert von der Symbiose zweier verwandter Seelen, die mit ihrer Kunst «das Gleichgewicht zwischen Himmel und Hölle wieder herstellen» wollen.

Arp ist als Künstler und *animateur culturel* in ganz Europa unterwegs, Taeuber verdient derweil im heimatlichen Zürich den gemeinsamen Lebensunterhalt. Kein Widerspruch für eine eigenständige Frau? Sophie scheint dazu da, Widersprüche auszugleichen. In ihrer winzigen Wohnung stellt sie in ein und demselben Jahr (1918) scheinbar Unvereinbares her: einen eiförmigen, als Hutständer zu gebrauchenden Dada-Kopf, versehen mit dem grotesken Porträt ihres Mannes und zur selben Zeit: fantastische, auf geometrische Grundformen reduzierte Marionetten für die dadaistische Adaptation von Carlo Gozzis «König Hirsch» – noch vor Schlemmers «Triadischem Ballett»! Ein feierliches Triptychon, das sich heute im Kunsthaus Zürich befindet, das wohl erste ungegenständliche Beispiel dieser Gattung. Sie ist bienenfleissig und kreativ! Gründe genug, dass Hans Arp sie nach ihrem Tod in seinen zahllosen, verklärenden Hymnen «eine fleissige Arbeiterin, eine fleissige Träumerin» nennt.

Bald ist die Fleissige nicht mehr nur Lehrerin, sie geniesst internationale Anerkennung und gibt eine eigene Zeitschrift heraus, *Plastique,* die in Paris und New York erscheint und über die amerikanische und europäische konkrete Kunst informiert. Sophie Taeuber präsidiert diverse Künstlervereinigungen und wird, in Paris, in London (hier auf Einladung von Marcel Duchamp), mit allen Grossen der Konstruktivisten ausgestellt, zumeist als einzige Frau. 1926 übersiedeln die Arps nach Strassburg und erwerben die französische Staatsbürgerschaft. Sophie erhält den Auftrag, in der ehemaligen Kaserne ein zweistöckiges Vergnügungslokal zu gestalten, die «Aubette». Sie wird als die «Sixtinische Kapelle der abstrakten Kunst» in die Geschichte eingehen.

Mit dem Erlös aus diesem Auftrag baut sie für ihren Mann und sich in Meudon bei Paris ein Haus mit einem nach konstruktivistischen Grundsätzen angelegten Garten. Ihre Abendgesellschaften sind euphorisch, moderne Komponisten und surrealistische Dichter, eine Atmosphäre von Champagner, in der die Ideen perlen, die Arps als Zentrum und Katalysatoren …

… bis ein wahnsinniger Österreicher ihre Kunst als «entartet» diffamiert. Am Tag der Besetzung von Paris flieht das Ehepaar nach Südfrankreich und strandet nach einer langen Odyssee in Grasse. Die materielle Not ist gross, und die Sendungen von Max Bill, Sophies ehemaligem Schüler, werden überlebenswichtig. Sie selbst hilft Verfolgten bei der Flucht aus Frankreich. Wird auch ihnen die Flucht in die USA glücken, wie dem Malerfreund Max Ernst?

Über Nacht marschieren die Nazis auch in Grasse ein, im letzten Augenblick entkommen die Arps in die Schweiz: ein jähes Ende von Sophies Karriere, an die sie allmählich zu glauben begann. In Zürich wohnt sie bei Freunden, ihre Gesundheit ist labil, wird ihre Aufenthaltsgenehmigung verlängert? In der Silvesternacht 1942, im Haus von Max Bill, wirft sie bei einer spiritistischen Séance zweimal ihr Todeszeichen. Zwei Wochen später ist sie tot.

Es ist Januar und kalt, sie hat in Bills Atelier gearbeitet. Dinge, die es noch zu vollenden gilt, «man weiss nie». Für eine Heimkehr ist es zu spät, sie wird über Nacht hierbleiben und zündet den Kanonenofen an. Ist sie so müde, dass sie vergisst, die Luftklappe zu öffnen? Ist sie lebensmüde? In der Luft sammelt sich Kohlenstoffmonoxid an. Hans Arp findet Sophie am anderen Morgen, sie scheint friedlich zu schlafen.

Sophie Henriette Gertrud Taeuber-Arp (*19.1.1889 in Davos, †13.1.1943 in Zürich) war Malerin, Plastikerin, Architektin, Dadaistin und Pionierin der konstruktiven Kunst. Sie unterrichtete Textiles Entwerfen an der Zürcher Kunstgewerbeschule und gilt mit ihrem Werk als eine der innovativsten Künstlerinnen des 20. Jahrhunderts. Taeuber war als erste Frau auf einer Schweizer Banknote, der 50-Franken-Note, abgebildet. Diese war von 1995 bis 2016 im Umlauf.

Das Gewissen der Konsumentinnen

Ihren Verehrer erhörte sie lange nicht: Adele Duttweiler-Bertschi (1892–1990) beeinflusste das Werden der Migros und prägte das Unternehmens-Credo. Sie definierte die Hausfrau als mündige Person.

Jeden Morgen dasselbe, lästig, dieser Mann! Zwar ist er stattlich und auffallend gut gekleidet, und das in der zweiten Klasse. Doch heute geht er zu weit. Er starrt, er stiert geradezu. Seine vorlauten Augen blicken ihr unverwandt ins Gesicht. Eine Frechheit sondergleichen.

Adele Bertschi, achtzehn Jahre alt, wie jeden Tag im Zug unterwegs in die Saatkontrollstelle der ETH Zürich, mag schüchtern wirken. Doch sie weiss genau, was sie will. Stirnrunzelnd gibt sie dem Herrn, der in Rüschlikon regelmässig ihr gegenüber Platz nimmt, ihre Missbilligung zu verstehen. Obschon es sich zweifellos nicht ziemt, Unbekannten eine Grimasse zu schneiden.

Hat sie ihren Bewunderer abgewimmelt? Nein, er gibt nicht auf! Geknöpft in einen grünen Reitrock besucht er ein paar Wochen später ihr Elternhaus in Horgen. Er sitzt auf einem stolzen Pferd. Doch Tier und Reiter scheinen sich schlecht zu verstehen. Schief hält sich der Verehrer auf dem Ross. Kann er denn überhaupt reiten? Adele durchschaut den Besucher: Der hohe Mann verfolgt einen niederen Zweck.

Doch der Liebes-Ritt nach Horgen hat Erfolg. Mutter Bertschi ist beeindruckt und lädt den Gast zum Mittagessen ein. Die Tochter bewertet den Aufzug kühl: Albern, dieses Getue, findet sie.

Eine geraume Zeitlang trifft man sich täglich wieder auf dem Weg zur Arbeit. Dann schlägt er ihr eine Segeltour auf dem Zürichsee vor, sie bleibt reserviert. Er drängt. Nun gut, so soll es also sein, doch ihre Schwester Bertha muss mit.

An Orten in Horgen, die Adele häufig aufsucht, legt er rote Rosen aus, bundweise und mit dem Vermerk, für wen sie gedacht sind. Ein langes Jahr lang wirbt Gottlieb Duttweiler um Adele Bertschi, bis sie ihn erhört. 1912 feiern der 24-jährige Kaufmann eines renommierten Zürcher Kolonialwarenhändlers und die knapp zwanzigjährige Angestellte der Hochschule ihre Verlobung. Im Frühling des folgenden Jahres findet die Hochzeit statt.

Ein ungleiches Paar? Das denkt nur, wer nicht hinsieht. Er grossgewachsen, laut, sie anmutig, zurückhaltend. Und: Lebensklug und furchtlos ist sie. Zwei haben sich gefunden, die füreinander bestimmt sind. Man wird durch dick gehen – und auch durch dünn.

Die Beziehung von Adele Duttweiler-Bertschi und ihrem Mann erfährt bald nach der Heirat eine erste Prüfung. 1920 brechen die Währungen ein, und die Firma, für die der elegante, weltmännische, vielleicht auch ein bisschen eitle Kaufmann den Globus bereist und bei der er Partner geworden ist, erleidet Konkurs. Das Paar verliert seinen Besitz und sogar sein Privatvermögen: die Villa am Zürichsee, den Sportwagen und die Kunstsammlung. Gottliebs Glück ist, Adele macht sich nichts aus Luxus.

Das Tief wird nicht lange dauern. Duttweiler hat zu viele Pläne. Die beiden – man war zwischenzeitlich nach Brasilien ausgewandert und wollte dort eine Farm betreiben – kehren zurück und wollen in der Schweiz und für die Schweiz Grosses erreichen. Das erste Flugblatt von Gottlieb, das für sein Vorhaben die Runde macht, trommelt mit Sätzen, die von Adele stammen könnten. Die Geschäftsidee richtet sich – an die Frau.

«An die Hausfrau, die rechnen muss! An die intelligente Frau, die rechnen kann: Das Problem der teuren Lebensmittel! Jedermann kennt es, die Zeitungen schreiben immer wieder. Greifbare Resultate? Keines! (…)» Der Aufruf endet mit einer Gewissensprüfung der Frauen: «Wir schliessen mit einem Appell an das selbständige Urteil der Hausfrau: Entweder siegen die alten Einkaufsgewohnheiten der Frau, oder der erhoffte Zuspruch stellt sich ein.»

Adele und Gottlieb bauen eines der heute grössten Detailunternehmen der Schweiz auf, die Migros. Die Firma soll, schreibt er – und gibt es ihr zu lesen, bevor es an den Drucker geht –, «sich für die Schwachen einsetzen, und die Starken, welche ihre Macht missbrauchen, bekämpfen». In den ersten fahrenden Läden steht Adele persönlich hinter der Theke und verkauft das zunächst rudimentäre Sortiment: Zucker, Teigwaren, Kaffee, Reis und Seife.

Dass Frauen bei der Entwicklung der Migros eine besondere Rolle spielen, dass ihre Entlöhnung und Anstellungsbedingungen bei der Gründung die gesetzlichen Regelungen übersteigen, ist auf den Einfluss von Adele Bertschi zurückzuführen. Sie ist während ihren knapp fünfzig gemeinsamen Ehejahren das Gewissen und die letzte Entscheidungsinstanz ihres Mannes.

Als die ersten Kampagnen gegen die Migros und Gottlieb persönlich beginnen, erlebt auch Adele offene Feindschaft. «Ich wusste nie, wollen die Leute mich umarmen oder wollen sie mich schlagen», erinnert sie sich. Zu Hause in Rüschlikon öffnet sie anonyme Briefe mit wilden Drohungen, Beschimpfungen, Verleumdungen. Sie ist es, die nachts die Telefonate entgegennimmt und sich mit unflätigen Anwürfen konfrontiert sieht. Ihr Mann soll davon nichts wissen. Adele Bertschi hält, wo immer es geht, die niederträchtigsten Beleidigungen von ihm fern.

Als er sich 1935 entschliesst, an den Nationalratswahlen mit einer eigenen Liste teilzunehmen, beschliesst sie ihrerseits: Sie begleitet ihn fortan zu allen politischen Veranstaltungen. Tätlich bedroht wird er dort zuweilen, als «Kommunistenfreund» und «Hitler» beschimpft, zerstochene Pneus an seinem Auto sind die Begleiterscheinung. Sie unterstützt, beruhigt, besänftigt. Zorn über so viel Hinterhältigkeit vertreibt ihre Angst.

Unerschrocken ist Adele und beherzt, das Leben hat es ihr beigebracht. Die Bertschis in Horgen sind «Auswärtige», der Vater hat es nach seiner Auswanderung nach Amerika als Posamentensticker zu Reichtum gebracht; Adeles Mutter stammt aus dem Wallis und hat, munkelt man, den aufsässigen Geist von Farinet im Blut. Mit ihrem Mann ist sie einig, die Kinder werden weder katholisch getauft noch erzogen. Ihr Pfarrer in Siders ist erzürnt, nie im Leben! Das Paar verlässt das Rhonetal und lässt sich in Horgen nieder. Diese Entscheidung trifft Adeles Mutter.

Das Mädchen ist acht Jahre alt, als ihr Vater nach langem und qualvollem Asthmaleiden stirbt. Mit diesem Tag ändert sich in ihrem Leben vieles. Fortan ignorieren die Lehrer die Bertschi-Kinder, und der Pfarrer bedrängt die Witwe, diese doch katholisch zu erziehen. Ihre spitze Antwort lautet immer wieder: «Wenn ich arm wäre, würden Sie mir nicht nachlaufen!»

Für die Tochter sind die Erfahrungen jener Kindheitsjahre prägend. Seit damals tritt sie für das Frauenstimmrecht ein. Und ihr Verhältnis zur Kirchenfrömmigkeit ist und bleibt zeit ihres Lebens distanziert. Mit dem ihr eigenen Humor antwortet sie auf entsprechende Fragen nach dem Tod von Gottlieb 1962: «Mein Mann war sehr religiös –, ich sah nur so aus.»

Adele beginnt nach Gottliebs Hinschied zu zeichnen, zu malen, besucht mit über siebzig Jahren Kurse der Migros-Klubschule, sie lernt das Töpfern. Am liebsten kauft sie in der Migros ein, isst in einem Migros-Selbstbedienungsrestaurant und teilt sich dort, sparsam wie immer, das Menu mit ihrer alten Freundin und Haushälterin Dorli Krieg. Dass man ihr als «Mitarbeiterin» Personalrabatt gewährt, erfüllt sie mit Genugtuung.

Am 27. Mai 1990 verliert die Migros-Familie ihre Mutter. Adele Duttweiler-Bertschi ist 98 Jahre alt.

Adele Duttweiler-Bertschi (*29.12.1892 in Horgen, †27.5.1990 in Rüschlikon) war von 1913 bis zu dessen Tod die Gattin und Mitstreiterin des Migros-Gründers Gottlieb Duttweiler. Sie gilt als Pionierin für Konsumentinnen- und Fraueninteressen. Nach dem Tod ihres Mannes waren ihr die Direktoren verpflichtet. Duttweilers Wille lautete: «Wenn der Gründer nicht mehr kann, dann die Mitgründerin und Mitkämpferin Frau Adele Duttweiler-Bertschi zum Raten entscheidender Dinge heranziehen. In ihr liegen sein Geist und sein Wille im Klarsten und Gültigsten für alle bereit.» Bis heute wird der Adele Duttweiler-Preis an Personen verliehen, die sich im sozialen oder pädagogischen Bereich engagieren.

Lehrerin der Sterbenden

Sie brach eines der letzten Tabus des Westens – und wurde dafür angefeindet und verfolgt: Elisabeth Kübler-Ross (1926–2004) hat ihr Leben dem Sterben gewidmet, dem Kampf für einen würdigen Tod. Ihr eigenes Ende glich einer Tragödie.

«Pestalozzi!», hänseln sie die Kinder, wenn Elisabeth ihren Gerechtigkeitssinn wieder einmal wie eine lodernde Fackel vor sich herträgt. Ihre Notfallstation für verletzte Tiere, eingerichtet im Keller ihres Elternhauses, ist in Meilen Dorfgespräch. Doch was sich die Dreizehnjährige heute im Religionsunterricht leistete, ist eine Vermessenheit. Sicher, der Pfarrer prügelte seine Schutzbefohlenen, doch war das seine Schuld? Schwatzhafte Mädchen hatten ihn dazu verführt! Nur rechtens, dass er den Kopf der Kübler-Schwester gegen den der Banknachbarin schlug. Worauf die Elisabeth, man kennt sie ja, zornig wurde, Hochwürden ihr Gebetbuch ins Gesicht schleuderte und aus dem Schulzimmer stürmte mit Worten, die zu wiederholen der Anstand verbietet.

Elisabeth ist ein durchsetzungsstarkes Kind. Sie ist ein Mädchen, das sich für alle einsetzt, die schwach sind und weniger Glück haben als sie. Weshalb? Weil sie selber – unerwartet – als Drilling geboren wurde, zwei Pfund schwer bloss? Weil sie seit ihrer Geburt als fragil gilt und sich weigert, diese Einschränkung zu akzeptieren? Sie weiss schon früh und schreibt in einem Schulaufsatz: «Ich möchte Forscherin werden und unbekannte Grenzen menschlichen Wissens auskundschaften. Aber über alles in der Welt möchte ich Ärztin werden.» Doch ihr Vater, ein protestantischer Kaufmann, schiebt dieser Unbedingtheit einen Riegel. Und mit welchem Argument? Zu wenig robust sei sie für diesen Beruf und für den Besuch des Gymnasiums genauso. Wäre sie nicht in seinem Betrieb als Sekretärin besser aufgehoben?

Das väterliche Dekret erregt ihren Zorn. Sie verlässt Meilen und verdingt sich aus purem Trotz als Hausmädchen in der Westschweiz; doch es dauert kein halbes Jahr, und Elisabeth fühlt sich schlecht behandelt und kündigt. Zurück nach Zürich, eine Laborantenstelle an der Augenklinik, sie paukt in der Freizeit, niemand darf es wissen, für die Matura. 1951 ist sie so weit, und Schwester Erika leiht ihr fünfhundert Franken, damit sie die Prüfung bezahlen kann. Das Geld war für eine neue Küche vorgesehen, nun wird es in Elisabeth investiert. Sie besteht, wie zu erwarten, die Matura fulminant. Sieben Jahre später promoviert sie in Zürich als Ärztin.

Jetzt steht ihr die Welt offen! Soll sie sich auf den Spuren von Albert Schweitzer in Afrika um die Leprakranken kümmern? Als Helferin für den Internationalen Friedensdienst (IFD) hat sie die Not der Menschen in Europa kennengelernt und ihr Talent entdeckt, durch Mitgefühl Leiden zu lindern. Doch für einmal meldet sich ihr Herz zu ihren eigenen Gunsten und für den amerikanischen Studienkollegen Emanuel Robert Ross. Die beiden Ärzte heiraten, und noch im selben Jahr zieht Elisabeth mit ihm in die USA – unwiderruflich, wie es ihrem Wesen entspricht.

In den grossen Spitälern New Yorks erlebt sie, was ihrer Mitmenschlichkeit und ihrem Sinn für Gerechtigkeit zutiefst widersteht: Sterbende werden auf Toiletten abgeschoben und bleiben sich selbst überlassen. Man stirbt nicht in Hospitälern, die auf ihren Ruf achten! Elisabeth hat erfahren, wie sie Trost spenden kann, durch Zuhören, pure Gegenwart. Die Unfähigkeit der Ärzte, mit Sterbenden menschliche Gespräche führen zu können, stachelt sie zur Tat an. Sie übt Kritik, wo es geht, und gründet mit Helfern, Pflegern in verschiedenen Bundesstaaten – später auch in Europa — «Hospices», in denen Todkranke in Geborgenheit ihre letzte Lebenszeit verbringen können. 1965, als Professorin an der Universität Chicago, hält Kübler-Ross die Vorlesungsreihe «Tod und Sterberiten in verschiedenen Kulturen». Sie fordert den Mut zur Wahrheit, zum klärenden Gespräch am Sterbebett, ein Tabubruch, der in den Kreisen ihrer Kollegen für Unruhe sorgt. Vor allem die Bastion der Hochleistungsmediziner verfolgt die wissenschaftskritische Frau mit Argusaugen.

Mit der Unruhe wächst der Unmut über die Häretikerin, die sich zwar inzwischen zur Psychiaterin ausbilden liess, aber in Bezug auf die Sterbebegleitung an die menschliche Anteilnahme mehr glaubt als an Technik und Wissenschaft. Richtig aber ist auch: Elisabeth Kübler-Ross ist bedacht, ihre Forschungen auf ein theoretisches Fundament zu stellen. Doch 1969, ein Fanal für alles Weitere, bricht der entscheidende Sturm der Entrüstung los: «Interviews mit Sterbenden» («On Death and Dying») heisst die Ketzerschrift, die den Samen für ihre spätere Exkommunikation aus der Wissenschaft bedeuten wird.

Für ihr Buch hat sie über zweihundert Protokolle mit Sterbenden verarbeitet. Sie definiert darin fünf Phasen, wie Menschen den Tod erleben können: Leugnung, Zorn, Verhandeln, Depression – und schliesslich Akzeptanz. Kaum veröffentlicht, steht das Buch an der Spitze zahlloser Bestsellerlisten, und die Autorin wird in Amerika und Europa zum stehenden Begriff für Sterbeforschung. Die Krux: Elisabeth Kübler-Ross wagt sich mit ihrer These weit über medizinisches Terrain hinaus und wildert auf philosophischen, ja spirituellen Feldern.

Eine Wissenschaftlerin mit Nähe zur Spiritualität, sie weiss, dass sie damit unter Verdacht steht. In San Diego gründet sie das Hospiz und Begegnungszentrum «Shanti Nilaya» («Haus des Friedens»), hier lehrt sie die Sterbebegleitung, und das Haus wird zur Keimzelle für weitere Ableger in den USA und in Europa. Auf einer riesigen Farm in Virginia möchte sie ein Aids-Spital für Babys einrichten – nun melden sich ihre Gegner zum ersten Mal handgreiflich: Ihr Haus in Kalifornien wird das Opfer eines Brandanschlags. In Virginia schiessen ihre Feinde noch auf die Hausfenster, töten ihre Haustiere und schicken ihr Drohbriefe. 1994 dann brennt das Anwesen, während ihrer Anwesenheit, bis auf die Grundmauern nieder. Die Flammen vernichten ihren gesamten persönlichen Besitz, darunter zwanzigtausend Nahtod-Erlebnisse und Fallgeschichten über das Leben nach dem Tod. Elisabeth ist jetzt 69 Jahre alt, und sie weiss, was zu tun ist: Wie in archaischen Kulturen sucht sie die Einsamkeit und zieht in die Wüste von Arizona. Hier will sie Abschied nehmen von allem, was ihr wichtig ist im Leben. Es begleiten sie: ein Bernhardiner und ihr Heimweh nach der Schweiz.

Ein Jahr lang lebt sie allein in ihrer Lehmhütte, schreibt, publiziert, versteht sich noch immer als Sterbelehrerin, da ereilt sie ein Schlaganfall, dem weitere folgen werden. Fortan ist sie halbseitig gelähmt und an den Rollstuhl gefesselt. Sie wird zwar einen Heiler finden, der ihr Lebensmut schenkt, ihr beibringt, ihr Schicksal anzunehmen und sich in Geduld zu üben. Doch Elisabeth bleibt ungeduldig, denn sie wartet auf den Tod.

Doch der Ersehnte kommt nicht! Ihr Verbündeter lässt sie warten. Ihr Sterben geht lang, jahrelang, denn sie kann ihr Ende so nicht akzeptieren. Dann verliert sie das Bewusstsein. Ihre Kinder reisen an, ihre Enkel, ihre Freunde. Noch einmal wird sie wach, und man fragt: «Bist du jetzt bereit für den Tod?» Sie verneint: «Noch nicht. Wenn es so weit ist, werde ich es von Kopf bis Fuss wissen.» Von Sterbenden hat sie gelernt, ans Jenseits und an Schutzengel zu glauben – jetzt stirbt sie selber. Am 24. August 2004 führt sie ihr persönlicher Schutzgeist endlich nach Hause.

Elisabeth Kübler-Ross (*8.7.1926 in Zürich, †24.8.2004 in Scottsdale, Arizona) gilt als Begründerin der Sterbeforschung. Die Psychiaterin initiierte in den USA sowie in Europa Sterbehospize, veröffentlichte über zwanzig Bücher in Millionenauflage (u.a. «Interviews mit Sterbenden») und erhielt für ihre Leistungen mehr als zwei Dutzend Ehrendoktorate. Zur Motivation sagte sie: «Ich möchte den Menschen sagen, dass der Tod nicht existiert.»

Die pünktliche Kosmopolitin

Sie floh vor ihrer Liebe um die ganze Welt: Die Berner Bauerntochter Lina Bögli (1858–1941) war in China Gast der Kaiserin, unterrichtete auf Hawaii – und als sie nach zehn Jahren zurückkehrte, wartete auf dem Bahnsteig der Mann, den sie vergessen wollte.

«Es ist vollbracht!», jubelt sie im Tagebuch. Und recht hat sie damit. Sie hat gesehen, was keine sah, sie hat gewagt, was keine je wagte: Lina Bögli, geboren in bescheidensten Verhältnissen, umrundete allein mit Schiff und Eisenbahn die Welt.

Man schreibt den 14. Juli 1902, und Lina steht da, wo alles seinen Anfang nahm, am Bahnhof in Krakau. Doch wofür rühmt sich jetzt die Jungfer Bögli – sie ist inzwischen 44 Jahre alt – zum guten Ende am meisten? Für ihren Schneid? Nein! Für ihre Pünktlichkeit! Denn nicht nur um die Welt wollte sie reisen, sondern es musste auch ein Plan eingehalten sein: Zehn Jahre und keinen Tag länger sollte sie unterwegs sein. Zehn lange Jahre, da die Weiterfahrt stets verdient werden musste, als Erzieherin, als Sprachlehrerin, auf Hawaii ernennt sie ein Minister zur ersten Lehrerin für Deutsch und Französisch. Doch nun ist es vollbracht: Lina Bögli kehrt auf den Tag genau von ihren Abenteuern zurück. Und dafür rühmt sie sich in ihren Reisenotizen, vielleicht sogar zum ersten Mal: «Jetzt glaube ich wirklich, das Lob meiner Freunde zu verdienen, die mir immer nachsagten, dass Pünktlichkeit meine Haupttugend sei!»

Doch wie reist es sich um die Welt, wenn eine ein inneres Ührchen mit sich trägt, wo immer sie geht und steht? Es reist sich so, als ob man das Emmental, in dem man aufgewachsen ist, nie verlässt. Es reist sich mit dem Blick der gestrengen Gouvernante, mit einer Mischung aus Selbstgerechtigkeit und Naivität, mit Mut und Witz, ja, das auch. Lina Bögli macht sich Freunde bei den Papuas und erklärt ihnen, wo die Schweiz liegt; sie bringt den Samoanern bei, dass «Talofa» in ihrer Sprache «Grüezi» heisst, und über «die schöne Stadt Adelaide» bemerkt sie in ihrem Reisetagebuch: «Überall gewaschene, gekämmte und geschäftige weisse Menschen.» Doch in Ceylon beschwert sie sich über «zu viele Grad Hitze, zu viele Schlangen und zu viele Bettler»; und in Washington hungert sie lieber, als von einem Teller zu essen, den ihr «eine schwarze Hand» reicht. Böglis Reise-Resümee ist unmissverständlich: Mögen alle Genüsse, mögen die Früchte dieser Welt «noch so schön und goldig aussehen, ich würde doch immer einem saftigen europäischen Apfel den Vorzug geben».

Lina Bögli weiss, sie ist ein «erzprosaisches Geschöpf». Verwunderlich ist das nicht für jemanden wie sie, die «einsam und freudlos» aufwächst, Kind eines früh verwitweten Kleinbauern im «Bodenhaus» in Oschwand, die in der Schule ganz hinten sitzen muss, weil sie nicht rechnen kann. Dafür kann die kleine «Bodenlina» etwas anderes: Sie kann träumen. Und wie sie das kann! Immer wieder träumt sie von einem leuchtenden Stern, der sich in ein mit Edelsteinen besetztes Schiff verwandelt und sie an die Tafel von Fürsten und Königen führt. Eine Vorahnung? Der Vater verbietet ihr solche Faxen – was sollen die Leute denken? Man zerreisst sich so schon das Maul: Auf dem Hof des armseligen Bögli gibt es eine kleine Bibliothek, und der Sonderling fuhrwerkt mit abstrusen elektrischen Installationen und braut ein Elixier, das Menschen wie Tiere wieder gesund machen soll! Lina verehrt ihren Erfinder-Vater. Doch Geld, ihr den grossen Wunsch zu erfüllen, hat er nicht für sie: Lehrerin will seine Tochter werden und keine Bauernmagd. Lina begreift, dass sie ihr Leben in die eigenen Hände nehmen und die Schweiz verlassen muss.

Neapel, eine reiche Schweizer Familie. Man sucht ein Zimmer- und Kindermädchen, und bei einem Monatslohn von 25 Franken erhält die Bernerin ihre Einführung in den Zimmerdienst und Tischservice eines feinen Haushalts. Es ist ihr Kapital für den nächsten Schritt, 1878, drei Jahre später: Die polnische Adelsfamilie Sczaniecki verpflichtet Lina nach Krakau als Bonne; aus über hundert Bewerberinnen fällt die Wahl auf sie, und es wird dies ihr Glück und ihr Unglück sein. In Krakau entscheidet sich Linas Schicksal.

«Die Sczaniecki haben mich zu einem besseren Leben erweckt», pflegte sie später zu sagen, in der gräflichen Familie findet sie ihre «geistigen Eltern». Sie sitzt dabei, wenn der Hausherr über Kunstgeschichte und Literatur referiert, und von der Dame des Hauses wird sie in französischer Grammatik unterrichtet. Linas Selbstvertrauen wächst, und nach acht Jahren hat sie genügend Geld gespart, um sich in der Schweiz und England ein Zertifikat als Fremdsprachenlehrerin zu erwerben: ihr späterer Garant für Brot und Auskommen in der weiten Welt.

Doch wieso fährt sie überhaupt weg aus ihrem geliebten Krakau? Über alles wird in den Tagebüchern berichtet, doch über dieses eine wird Schweigen bewahrt, 22 Jahre lang. Ein Buchstabe nur, «B.». Immer und immer wieder taucht er in ihren Notizen auf, verkürzt, verkleinert, «B.» für Julijus Bijak, ihre grosse Liebe, ein polnischer Offizier. Am 2. Februar 1892 haben sie sich in Krakau kennengelernt, er hielt um ihre Hand an, doch Lina lehnte ab – weshalb? Eine Kaution von fünfzigtausend Kronen wäre zu leisten gewesen, und er hätte auf seine Militärkarriere verzichtet. 1914, sie wähnt ihn tot, doch tatsächlich lebt er noch, nennt sie im Tagebuch endlich seinen Namen und bekennt: «Tod des einzigen Mannes, den ich je geliebt habe, den ich aus lauter Liebe nicht heiraten wollte [...], der sozusagen mein Schicksal wurde [...], da ich ja nur fort ging, um mich vor ihm und mir selber zu flüchten.»

Was daran ist wahr, was idealisiert? Denn wie das Leben so spielt – und die Liebe –, als Lina nach ihrer zehnjährigen Flucht vor ihren Gefühlen 1902 wieder in Krakau eintrifft, wartet auf dem Bahnsteig: Julijus Bijak. Und wieder hält er um ihre Hand an. Und wieder wird er abgewiesen. Aus «lauter Liebe»?

Nicht geheiratet werden will sie, nein. Sie will ihre Reise in einem Buch festhalten, «Forward» («Vorwärts»), gewidmet «den lieben Freundinnen rund um den Erdball: den jungen Mädchen». Lina will jungen Frauen ein Vorbild sein an Mut und Selbständigkeit, und sie schreibt an ihre Leserinnen den klaren Satz: «Uns Frauen sind die Schranken so eng gezogen, dass man sich nicht gehörig rühren kann, ohne dagegen anzuprallen. Ja, ein Mann zu sein, das wäre Freiheit!» Der Briefroman wird 1904 auf Englisch verlegt und soll später in neun

Sprachen übersetzt werden. Die Weltenfahrerin ist jetzt weltbekannt.

Und noch einmal bricht sie alle Schranken, sie bereist von 1910 bis 1914 China und Japan. Keine unglückliche Liebe steht dieses Mal dahinter, es ist ihre Arbeitslosigkeit als Lehrerin. Still sitzen kann sie später. Doch sie tut es nimmer, auch nicht nach ihrer endgültigen Rückkehr in die Schweiz.

In Herzogenbuchsee bezieht sie 1914 ein Zimmer im Restaurant «Kreuz». Das erste alkoholfreie Gasthaus der Schweiz wird ihr Stöckli, hier unterrichtet sie Schüler, ihre Stube ist allen offen, abgeschlossen ist sie nie, denn: «Es wird mir nie etwas weggetragen, höchstens hineingetragen.» Und als sie mit 83 Jahren noch einmal Englisch unterweisen kann, 1941 einem polnischen Internierten, ist sie glücklich. Ihre letzte Reise beginnt wenige Monate später, am 22. Dezember. Der Grabstein steht seit langem bereit, sie hat ihn selber gestaltet: eine Taube mit ausgebreiteten Flügeln und unter ihr die Erdkugel, winzig klein.

Lina Bögli (*15.4.1858 in Oschwand, †22.12.1941 in Herzogenbuchsee) war die erste Schweizer Weltreisende und Reiseschriftstellerin. 1892 brach sie in Italien zu einer zehnjährigen Weltumrundung auf – Australien, Neuseeland, Samoa, Honolulu, die USA – und verarbeitete ihre Erfahrungen im Briefroman «Forward» (1904, deutsch 1906: «Vorwärts»), der sie weltberühmt machte. Von 1910 bis 1914 bereiste sie China und Japan und verfasste den Bericht «Immer vorwärts» (1915). Lina Böglis Tagebücher in 26 Bänden (1893–1940) sind bis heute unveröffentlicht. 2019 wurde das Zentrum Lina Bögli in Herzogenbuchsee eingeweiht. Neben einer Ausstellung über das Leben und die Reise der Schriftstellerin werden auch weitere starke Frauen aus Böglis Umfeld und Zeit porträtiert und die Frauenbewegung bis in die heutige Zeit nachgezeichnet.

Trostloses Wunderkind

Ihr Talent war so gross, wie ihr Leben kurz war: Die Zürcher Malerin Anna Waser (1678–1714) schuf ein Selbstporträt, das für Aufsehen sorgte. Der russische Zar und die englische Königin buhlten um die Gunst ihrer Kunst. Glück brachte ihr das nicht.

«Eng! Eng! So eng.» Es sind ihre letzten Worte. Und Rudolf, ihr Bruder, versteht sie genau. Er weiss, was seine jüngere Schwester, was Anna Waser ihm sagen will, der Welt sagen will – der Welt, die für sie die Familie ist. Die Familie als Gefängnis und Zürich als Gefängnishof. Anna war dazu bestimmt, die Staffeleien von Paris und Florenz zu erobern. Und dann? Mit einem Mal überkommt den Bruder die Ahnung, dass sie an ihr gefehlt hätten. Der Vater, die Mutter, die Geschwister, sie alle hätten gefehlt, dünkt es ihn jetzt – ohne dass er recht wüsste, wie und warum. Doch nun ist alles zu spät. Anna ist tot.

«So eng!» Sind es nicht dieselben Worte, die sie ihm sagte, als die Familie aus Rüti zurückkehren sollte in die Stadt? «Rudi, da kann ich nicht hinein, so grau alles, so eng!» Und Anneli hatte ihre Arme um seinen Hals geschlungen und geweint. Auf dem Land war seine Schwester glücklich gewesen, ein kleines Dorf, zweihundert Einwohner, viel Moor und Sumpf und Dotterblumen darin, die die Kinder zu Sträusschen banden für die kranke Mutter. Sechs Jahre lebt die Familie des sittenstrengen protestantischen Zürcher Amtsmannes Johann Rudolf Waser im Amtshaus von Rüti. Ähnlich froh war das Kind an der Zürcher Münstergasse erst wieder, als sie fortdurfte von hier – und tun, was ihr das Liebste war: malen.

Der Vater, angesehen und wohlhabend, fördert die Liebe der Tochter nach Kräften. Soll sie denn Malerin werden, er wird den Leuten das Maul schon stopfen! Die Mutter, ängstlich, kränklich, geschlagen mit einem dunklen Gemüt, verfolgt die Pläne mit Mahnen und Bangen. Doch schliesslich fügt sie sich in das Geschick, in Annas Wunsch und in die Tochterliebe des Vaters. Anna erhält eine breite humanistische Ausbildung, lernt Latein, Französisch, Italienisch, Mathematik – und sie darf Unterricht nehmen beim Winterthurer Maler Johann Georg Sulzer. In seinem Atelier wird ein Porträt entstehen, das alles verändern sollte.

Sie ist zwölf Jahre, als sie ihr Selbstbildnis «Anno 1691» malt. So steht es in Goldschrift unter dem Wappen. Ihr Gesicht ist viel zu ernst für ihr Alter. Ihr Kinderkörper in ein silberverschnürtes Mieder gesperrt. Die Marmorblässe ihrer Züge verschärft eine enganliegende schwarze Kappe. Doch: Alles ist unheimlich perfekt, jedes Detail virtuos – das Mieder, der Faltenrock, auf den die Palette in der Hand des Kindes einen dunklen Schatten wirft. Gibt es Vergleichbares in der Kunstgeschichte? «Anno 1691» ist das Werk einer Frühvollendeten, eines Wunderkindes.

Und Anna beweist nicht minder Talent, wenn sie – wie es die Mode ist – kopieren soll oder Miniaturen malen, kleine Porträts herstellen nach Bildnissen, die ihr Auftraggeber senden. Nach einem Jahr Wartezeit wird sie die Schülerin des international tätigen und bekannten Miniatur- und Historienmalers Joseph Werner in Bern. Sie ist der einzige weibliche Student, doch wenn auch! Allein der Umstand, dass sie der bedrückten Atmosphäre des Elternhauses entfliehen kann – die Verfassung der Mutter wirft ihre Schatten –, beflügelt ihren Pinsel. Nur vier Jahre lang dauert ihr Glück.

Die Mutter. Es geht ihr nicht gut, es geht ihr so schlecht, dass Anna, die einzige Tochter, die noch unverheiratet ist, ihr Studium frühzeitig abbrechen und nach Hause zurückkommen muss. Der Vater will es so. Hier, an der Münstergasse, soll sie nun nicht nur die Mutter pflegen, sondern sie mag auch Mutter sein für ihre beiden jüngeren Geschwister. Um den Vater zu unterstützen, nimmt sie Aufträge an als Kalligrafin und stellt ihre Dienste als Miniaturmalerin zur Verfügung. Zunächst erfolgen die Anfragen aus dem Bekanntenkreis, doch bald wird der Ruf der Waserin, sie ist jetzt achtzehn, auch im Ausland vernommen. Für Herrschaften aus allen Ländern soll sie malen: Selbst der Zar von Russland buhlt um die Gunst ihrer Kunst! Peter der Grosse sendet seine Bildnisse nach Zürich, um sie von Anna in eine Miniatur übertragen zu lassen. Und kaum ist dies ausgeführt, erreicht das Waser-Haus ein nächster ruhmreicher Auftrag. Königin Anna von England verlangt ein Porträt aus den Händen der so hinreissend begabten Zürcherin.

1699 darf sie eine Reise tun, Anna ist 21 Jahre alt. Graf Wilhelm Moritz zu Solms lädt sie ein als Hofmalerin auf Schloss Braunfels in Hessen. Und weil bereits ihr Bruder Rudolf dort amtet, als Hauslehrer, lassen die Eltern sie gehen. Eine fruchtbare Zeit, eine grosse Zeit! Anna lernt eine Welt voller Lebenslust kennen und Unbekümmertheit. Arbeit nicht als gottgefällige Pflicht, sondern als Vergnügen, als Entfaltung jenseits von Vorgaben und Leistung. Anna blüht auf, als Künstlerin und als Mensch. Und wieder dauert das Glück viel zu kurz. Rudolf reist weiter als Feldprediger nach Holland – und Anna muss die Stellung aufgeben, man beordert sie heim nach Zürich. Die Tochterpflicht ruft, und Aufträge warten.

Doch Anna, ist sie glücklich dabei? Wenn sie nur einmal Italien gesehen hätte, wie ihr Lehrer, Joseph Werner, wie die meisten Werner-Schüler auch. Was hätte sie an den kunstreichen Orten alles lernen können! Oder Paris, wozu durfte sie die Sprache studieren, wozu hatte sie ihre edle Freundin immer wieder eingeladen in die verheissungsvolle Stadt? Und auch die Miniatur war nie ihre Ambition. Ihr Vater hatte es so gewollt, die Miniatur als Einnahmequelle, und sie versteht ihn ja. Nicht, dass sie – Anna Waser, eine Frau, das war nicht zu vergessen – grosse Gemälde schaffen wollte, nein; aber es nur nicht immer mit dem nadelfeinen Pinsel und den zarten Färblein tun müssen! Den Rötel führen dürfen! Mit der freien luftigen Hand übers Papier fahren, anstatt unter der Lupe zu tüpfeln und zu stricheln. Einen breiten Pinsel halten können, mit freien Augen, freien Händen – und mit freien Gedanken!

Doch das Kleine wollte man von ihr, das Gefällige. Aber das Grosse, die grosse Idee, der grosse Schwung, der grosse Strich, worin sie ihre ganze Kraft hätte legen können – wer fragte danach?

In Zürich wird Anna still und stiller. Ähnelt sie mit kaum dreissig bereits der geistesdunklen Mutter? Sie ist müde, findet keine Kraft mehr zu malen, an Zeit dafür fehlt es sowieso. Unglückliche Liebschaften, ihr Versprochener stirbt, ein Zweiter zaudert mit dem Heiratsversprechen, und auch der Dritte lässt sie warten. Dann fällt Heiri, der Bruder, Sektierern in die Hände. Anna muss ihn freikaufen, seine Ehre retten und die ihres Vaters, sie setzt dafür ihre Aussteuer ein. Jetzt besitzt sie nichts mehr, was sie attraktiv machte für einen Verehrer.

Im Jahr, als sie dreissig wird, ein letztes Aufbäumen gegen das Verdämmern der Hoffnung, dereinst nur Malerin zu sein: Sie sendet ihre Autobiografie und Arbeitsproben für das Künstlerlexikon von Joachim von Sandrart ein. Dann, 1714, eine Erschütterung, ist sie zu gross? Ein Schreiben aus Frankreich trifft an der Münstergasse ein. Anna wird nach Paris eingeladen – gezeichnet: Jean-Antoine Watteau! So viel Glück, so spät, so erwartet. Anna will den Brief ihrem Bruder Rudolf zeigen. Sie eilt, sie hastet – sie stürzt. Auf einer Treppe, auf der sie nach oben stürmen will? Die Folgen sind tödlich. Doch alles Enge wird endlich weit.

Anna Waser (getauft 16.10.1678 in Zürich, †20.9.1714 in Zürich), Miniaturmalerin, Zeichnerin, Radiererin und Kalligrafin. Die erste namentlich erwähnte Schweizer Malerin galt in ganz Europa als Wunderkind und erhielt Aufträge von Zar Peter dem Grossen und der englischen Königin. Waser wirkte von 1699 bis 1702 als Hofmalerin auf Schloss Braunfels in Hessen. Als einziges Werk erhalten ist ein Selbstbildnis der Zwölfjährigen vor ihrer Staffelei (Sammlung Kunsthaus Zürich).

Rechtlose Rechtslehrerin

Auch ihre Tante, Johanna Spyri, missbilligte die Berufswahl: Die Juristin Emilie Kempin-Spyri (1853–1901) will als Anwältin in der Schweiz arbeiten, wird aber erst in New York erfolgreich sein. Doch die Spannungen zwischen Karriere und Familie sind gross.

Es ist November, es ist kalt, und die Laune des Bezirksrichters von Zürich Selnau ist entsprechend. Zu lange wartet er schon auf den Kläger, einen gewissen Walter Kempin. Da öffnet sich die Tür – und eine junge Frau betritt den Raum. Der Gerichtsdiener habe ihr den Zugang zum Saal verweigert, gibt sie als Begründung ihrer Verspätung an.

Dass man sie aufhielt, ist nur richtig, sie ist hier unerwünscht. Doch die Abgewiesene ist ungerührt. Sie heisst Emilie Kempin-Spyri und will bei Gericht ihren Mann vertreten. Emilie ist Jurastudentin im sechsten Semester, sie steht kurz vor ihrer Doktorprüfung an der Universität mit leuchtendem Ziel: «Ich werde in Zürich eine Anwaltspraxis eröffnen!» Doch der Vertreter der Gegenseite, bis vor kurzem noch ein erfolgloser Wirt, anerkennt Emilie als Klagevertreterin nicht.

Hat er denn Recht studiert? Das hat er nicht und muss er nicht. Der Titel des Anwalts ist an keinen Fähigkeitsausweis gebunden, einzig an die Bedingung des Aktivbürgerrechts. Artikel 4 der Bundesverfassung? Alle Schweizer sind vor dem Gesetz gleich, so gilt es für die Schweizer. Doch in dem Artikel steht von Schweizerinnen nichts. Und kühl prophezeit der Richter der Feurigen: Emilie werde niemals Anwältin sein. Sie hat kein Stimmrecht, sie ist keine Aktivbürgerin.

Noch am selben Abend des 24. November 1886 meldet sich bei Emilie einer der bekanntesten Journalisten und Politiker der Stadt: Theodor Curti. Er hatte in Deutschland bei der *Frankfurter Zeitung* gearbeitet, gründete hier die *Zürcher Post* und ermutigt die Abgewiesene, beim Bundesgericht staatsrechtliche Beschwerde einzulegen. Auch er ist der Überzeugung, der Anwaltsberuf müsse an Studium und Examen gebunden sein, und zwar unabhängig vom Geschlecht.

Die Antwort des Bundesgerichts folgt unüblich schnell. Am 29. Januar 1887 trifft sie ein, und wortwörtlich ist zu lesen: «Wenn nun die Rekurrentin auf Artikel 4 der Bundesverfassung abstellt (jeder Schweizer sei vor dem Gesetze gleich) und aus diesem Artikel scheint folgern zu wollen, die Bundesverfassung postuliere die volle rechtliche Gleichstellung der Geschlechter [...], so ist diese Auffassung ebenso neu wie kühn; sie kann nicht gebilligt werden.» Ist Emilies Traum am Ende? Curti verspricht, sich im Kantonsrat für ein neues Anwaltsgesetz einzusetzen. Das tut er auch, mit Erfolg, zwölf Jahre später. Zu spät für Emilie, zu spät für eine Frau, die – das Bundesgericht hat recht – neu denkt und kühn denkt. Zu kühn für ihre Zeit.

Emilie Spyri ist schon als Kind eine Rebellin, wissensdurstig und aufgeweckt. Die gottgewollte Rolle der Frau als Hausfrau und Mutter, von der ihr Vater predigt, ist ihr zu eng. Während der Patriarch in der *Neuen Zürcher Zeitung* Tiraden gegen weibliche Lehrer publiziert (die Hormone, ein Instabilitätsfaktor für jedes öffentliche Amt!), bewundert sie die ersten russischen und deutschen Studentinnen an der Universität.

In Emilies Familie lehnt man studierende Frauen ab. Allen voran Johanna Spyri, Emilies Tante, «Mannweiber» schilt die Schriftstellerin die Schamlosen. Für Johanna ist der «Hausstand [...] der einzige würdige Wirkungskreis der Frau». Ihre Nichte wird nach der obligatorischen Schulpflicht im Welschland die «Löffelschleife» absolvieren, eine Präparation der Tochter für den Heiratsmarkt.

Emilie leistet sich die erste Rebellion mit der Wahl ihres Gatten. Ein Habenichts mit preussischen Wurzeln, fanatischem Blick und philanthropischen Ideen – ein Verfechter der Rechte der Frau auch –, der Theologe Walter Kempin. Kein Industrieller, kein Geschäftsmann, wie es des Standes der Spyris, eines alten Zürcher Geschlechts, würdig ist. Der Vater akzeptiert den Schwiegersohn nicht und verweigert Emilie die Mitgift. Geld, das dem Paar in Zukunft fehlen wird. Auch später noch, als Kantonsrat, Präsident der Rütlikommission und als Gründer der Schweizerischen Gemeinnützigen Gesellschaft, wird Vater Spyris Einfluss die beiden schicksalsschwer belasten.

Emilie heiratet und bekommt kurz aufeinander drei Kinder. Viele Kinder, wenig Geld, dazu der extravagante Wunsch der jungen Mutter: Emilie will studieren! Mit 31 Jahren beginnt sie ihr Jusstudium, das sie in kurzer Zeit magna cum laude abschliessen wird. Doch die Situation des jungen Paares hat das Missfallen der feinen Gesellschaft erregt: Sie gilt als Rabenmutter, durch ihre ausserhäuslichen Ambitionen, er, der Pfarrer, ist verdächtig durch seine sozialpolitischen Reden. Kempin verliert seine Stelle und sucht in Deutschland Arbeit. Von nun an wird Emilie auch die Rolle der Ernährerin überbunden. Doch das Fatalste: Die erste Juristin der Schweiz muss akzeptieren, dass sie in ihrer Heimat ihren Beruf nicht ausüben kann. Selbst ihre beiden Gesuche um Zulassung als Privatdozentin scheitern.

Auswandern, Emilie hofft auf die Neue Welt! Ende September 1888 schifft sich die Familie nach New York ein, auf der Überfahrt – ihr Mann ist mit dabei – legt sie ihr Englischwörterbuch nicht aus der Hand. Sie ahnt: Die Ankunft wird hart sein, für alle. Zwei der Kinder und ihr Mann reisen schon bald wieder zurück; Walter zum Jurastudium, er will finanziell unabhängig sein. Und sie, die Gattin, die Mutter, die Juristin Dr. Kempin-Spyri, soll sie bleiben, darf sie bleiben? Wird sie ihren Mutterpflichten gerecht? Sie weiss, dass Vater und Tante ihre Pläne verachten. Emilie kämpft in New York für die Gründung einer Rechtsschule für Frauen, und die High Society liebt ihre Begeisterung. Und tatsächlich: Dank deren Unterstützung wird im Oktober 1890 Emilies Woman's Law Class an der Universität von New York (NYU) feierlich eröffnet: «Epochal», jubiliert die New Yorker Presse, ein Erfolg, der bis nach Europa dringt.

Dann die Hiobsbotschaft: Ihr Ältester ist krank, die Mutter wird in Zürich gebraucht. In der Heimat, ohne Geld, bleibt nur die Flucht nach vorn. An der Bahnhofstrasse gründet sie das «Amerikanische Rechtsbüro Dr. E. und W. Kempin», Emilie berät und betreut Frauen unentgeltlich; doch vor Gericht darf ihre Klientinnen nur der Jurastudent Kempin vertreten. Emilie sucht Ruhe und Rettung für ihr zerrissenes Leben in Berlin, dem Zentrum der Frauenbewegung. Sie publiziert und lehrt an der Humboldt-Universität.

Dann bricht die Familie ganz auseinander: Emilies Jüngste wird schwanger (unverheiratet), Robert, als Bruder eines «gefallenen Mädchens», verliert seine Stellung. Zudem bedrängt sie ihr Mann auch in Berlin und fordert Geld für sein weiteres Studium. Sie gibt ihm, was sie noch hat, die Miete wird diesen Monat unbezahlt bleiben.

Emilie steht auf der Post, erwartet eine Überweisung, die nicht eintrifft – ein Nervenzusammenbruch. Zu viele Kräfte zerren in zu viele Richtungen. Man verwahrt sie in einer Klinik, dort flieht sie, denn sie will zurück in die Schweiz. Doch hier weist man sie, nicht wie sie es wünscht, ins Zürcher Burghölzli ein, sondern in die Basler Friedmatt. Die um ihren Ruf bemühte Familie verbannt den Schandfleck Emilie aus Zürich, aus ihrem Hoheitsgebiet. 1898 verabschiedet der Zürcher Kantonsrat ein Gesetz, das es Frauen erlaubt, den Anwaltsberuf auszuüben. Im selben Jahr wird Dr. Emilie Kempin-Spyri entmündigt, sie ist jetzt 45 Jahre alt. Drei Jahre später stirbt sie an Krebs. Kein Grabstein soll an sie erinnern, an die Frau, die Neues kühn dachte, verrückt in der Zeit.

Emilie Kempin-Spyri (*18.3.1853 in Altstetten, †12.4.1901 in Basel) war die erste Juristin Europas. Obwohl sie an der Universität Zürich promovierte und habilitierte, verweigerte man ihr das Recht, als Anwältin zu arbeiten. Sie wanderte nach New York aus und war dort die erste Rechtsgelehrte der Stadt. Sie wirkte an der Entwicklung des Bürgerlichen Gesetzbuchs (BGB) mit. Arbeitslos und von ihrer Familie entmündigt, starb sie in der Psychiatrischen Klinik Basel. Seit 2021 verleiht der Schweizer Anwaltsverband (SAV) ihr zu Ehren den Emilie Kempin-Spyri-Preis. Dieser ehrt Rechtsanwältinnen, die sich besonders um die Belange von Gleichstellung zwischen Frau und Mann verdient gemacht haben oder eine besondere Vorbildfunktion innehaben.

Napoleons Amazone

Sie zog über die europäischen Schlachtfelder und kämpfte in Männeruniform an vorderster Front: Die Zürcherin Regula Engel-Egli (1761–1853) hatte 21 Kinder und mächtige Waden, die Napoleon gefielen – doch sein Unglück wurde auch ihres.

Waterloo, hier wird das Schicksal entschieden. Die englische Kavallerie ist stark, viel zu stark für die französischen Infanteristen. Das Bataillon Napoleons ist längst nicht mehr geschlossen, Florian, ihr Sohn, ist tot, das erfährt sie zwischen zwei Kanonenschüssen, und von weitem sieht sie, wie auch ihr Mann fällt. Die feindlichen Grenadiere wüten mitten unter ihnen, mitten unter Frau Oberst Engel und Joseph, ihrem Zehnjährigen. Seite an Seite kämpfen Mutter und Sohn. Jetzt, eine Kugel! Sie zerschmettert Joseph, und Regula muss mit ansehen, wie das Kinderauge zerspritzt und das Kinderhirn.

Ausser sich vor Verzweiflung, schiesst sie einem Engländer mit der einen Pistole die Oberlippe weg. Dann will sie zur zweiten Pistole greifen – doch der Grenadier ist schneller und reisst ihr das Gewehr aus der Hand. Mit ihrer eigenen Waffe schiesst er ihr durch den Hals, dazu ein Bajonettstich in die rechte Seite. Sie ist kampfunfähig, doch man rettet sie, bringt sie ins Lazarett, und als die Ärzte sie verbinden, ist die Überraschung gross: Der Mannhafte ist eine Frau!

Regula Engel-Egli ist 54 Jahre alt, und sie ist Mutter von 21 Kindern, als sie bei Waterloo kämpft, zum letzten Mal kämpft, für Napoleon, ihren Herrn und Meister. Bonaparte und Regula. Hätte das Schicksal die Karten anders gemischt, wer weiss, was aus den beiden geworden wäre. Doch auch so spielt der General eine entscheidende Rolle in ihrem Leben. Er ist die Vorsehung und Verheissung für eine gesicherte Zukunft, für regelmässigen Sold, Vorankommen, Ruhm und Beute. Denn Regula ist die Gattin eines Söldner-Offiziers, Florian Engels aus Langwies in Graubünden. Als sie ihn kennenlernt, kämpft er zwar noch für den französischen König, doch das wird die vitale Frau zu ändern wissen.

1778 ist Engel auf Heimaturlaub, ein grosser, schöner Mann, die Knöpfe seiner Uniform glänzen, und sein Liebeswerben kommt ihr nicht ungelegen. Schlechter als die Vergangenheit – ihre Kindheit in einem Zürcher Waisenhaus, ihr Vater, ein ehemaliger Offizier in der preussischen Armee, war dem Alkohol zugewandter als der Familie – kann die Zukunft in der Fremde nicht werden. Sie ist siebzehn, als sie dem Söldner ihr Jawort gibt. Ihr «nach Luft und Weltfreude pochendes Herz» soll ihm gehören. Ganz so wird es später zwar nicht sein.

Regulas Dank sind Kinder, viele Kinder, fast jedes Jahr ihrer fruchtbaren Zeit schenkt sie Engel eines. Doch nur fünf werden ihre Mutter überleben, und unschuldig an dem Umstand ist diese nicht. Wenn sie für Napoleon in die Stiefel steigt und kämpft, tun das ihre Söhne genauso. Alle ihre Buben werden Soldaten in Napoleons Armee, und nicht erst 1815 in Waterloo, sondern bereits 1800 in Marengo bleiben sie für ihn auf dem Schlachtfeld liegen.

Doch noch ist es nicht so weit, noch klopft nicht der Tod an, sondern die Liebe: Der attraktive Engel ist Gardist in französisch-königlichen Diensten. 1793, der König ist tot, wird er arbeitslos. Regula, bereits Mutter von sieben Kindern, setzt durch, dass die Familie nach Paris zieht, um sich einem neuen Kriegsherren anzudienen. General Bonaparte will man sich verpflichten, an der Neuordnung Europas beteiligt sein. Regula glüht für das grosse Projekt des kleinen Korsen!

Ob sich zuvor die Dinge tatsächlich so ereignet haben, wie sie sie später in ihren Memoiren schildern wird? Vor dem gefürchteten Robespierre sei sie auf die Knie gefallen, um ihren Mann, den ehemaligen Königstreuen, aus dem Gefängnis zu befreien. Zitternd, doch mit Kalkül Robespierre ihre Kinderschar zeigend, die Bittschrift in Händen, die Guillotine im Nacken, flüstert sie: «Citoyen! Miséricorde!» Worauf Robespierre erwidert haben soll: «Lève-toi!», und der Entlassungsschein war unterschrieben.

Regulas junge Jahre stehen unter einem Glücksstern, denn ihr Mann, inzwischen Hauptmann, wird tatsächlich Bonapartes Truppe zugeteilt. Und dann ist es so weit: Am 19. Mai 1798 steht die Schweizerin auf Napoleons Flaggschiff «L'Orient», und mit einer gewaltigen Flotte von zweihundert Segeln und fünfunddreissigtausend Mann verlässt man den Hafen von

Toulon in Richtung Ägypten. Mit ihr an Bord sind zwar noch zwölf andere Offiziersgattinnen, die ihre Männer auf dem Feldzug begleiten, doch nur eine ist eine Landsmännin – und keine einzige hat so prächtige Waden vorzuweisen wie die standfeste Zürcherin.

Auf der mehrwöchigen Überfahrt trifft sie Napoleon immer wieder auf Deck. Ihr Idol liebt den Schnupftabak und den Kaffee. «Will Sie auch ein Tässchen, meine kleine Schweizerin?», und: «Will Sie auch eine Prise?», soll er um sie gebuhlt haben. Und natürlich will Regula! Durch solche «Güte» – so kommt es ihr vor – gewinnt Napoleon ihre Treue und Dankbarkeit für immer.

Während des Ägyptenfeldzuges bringt sie Zwillinge zur Welt, und Bonaparte selbst spielt den Taufpaten; «Napoleon Baptist» und «Napoleon Heinrich» nennt sie die Buben, sie sind ja auch für ihn gemacht... Und nicht nur in Bezug auf ihre Fruchtbarkeit und ihre wuchtigen Waden beeindruckt Regula den General. Auch ihre militärische Haltung hat seinen Respekt. Als auf dem Syrienfeldzug die Männer durch die Pest wie die Fliegen sterben, zieht sie die Uniform an und versieht den Dienst eines Leutnants. Als einmal siebzehn Soldaten ihres Zuges betrunken sind, lässt sie sie entwaffnen und setzt sie zwei Tage lang in Arrest. Regula beweist an jeder Stelle, dass sie Napoleons erste Soldatin des Herzens ist. 1814 zieht die Familie Engel-Egli mit ihrem Wohltäter nach Elba ins Exil; triumphierend kehrt sie mit diesem wieder nach Paris zurück. Und gemeinsam geht man in den Untergang, nach Waterloo, nur hundert Tage später.

Bonaparte hätte seiner kleinen Schweizerin, die jetzt Witwe ist, zweifellos eine Rente ausgerichtet. Doch er ist auf St. Helena in der Verbannung, und die an die Macht zurückgekehrten Bourbonen haben nicht die Absicht, feindliche Soldatenweiber zu unterstützen. Regulas Gesundheit ist gezeichnet von unzähligen Schlachten und Geburten. Sie beginnt in ganz Europa ihre letzten fünf Kinder zu suchen. Vergeblich. Ob ihr Sohn

Caspar, der nach Amerika auswanderte, noch lebt? Ob er sie finanziell unterstützen kann? Sie reist nach New York, doch der Sohn soll in Philadelphia sein – und dort findet sie ihn tatsächlich. Sterbend.

Nach über vierzig Jahren kehrt Regula wieder in die Schweiz zurück, ohne Geld, abhängig von Verwandten und Bekannten. Um ihren Lebensunterhalt zu verdienen, veröffentlicht sie ihre Memoiren. «Was mich stark machte, wird auch euch stark machen», ruft sie auf Lesereisen den Frauen zu und zeigt dazu einen (ihren?) durchlöcherten Waffenrock. «Nicht Verzärtelung, nicht Weichlichkeit» sei das Stärkemittel der Frau, sondern «Abhärtung». Regula wird als Amazone gefeiert, die das lebte, was der Bürgersfrau verwehrt ist. Und dennoch: Die alte Soldatin, die Unerhörtes zu erzählen hat, bleibt mittellos. Erst zwanzig Jahre nach ihrer Rückkehr erbarmt sich die Stadt Zürich und duldet sie als Kostgängerin in einem ihrer Spitäler. Napoleons feurigste Mitstreiterin stirbt im Alter von 92 Jahren. Im Totenbuch steht der Vermerk: «heimatlos».

Regula Engel-Egli (*5.3.1761 in Fluntern Zürich, †25.6.1853 in Zürich) war die Frau eines Bündner Söldneroffiziers und Soldatin im Dienste Napoleons. Sie reiste während mehr als zwanzig Jahren auf seinen Feldzügen durch Frankreich, die Niederlande, Ägypten, Spanien, Portugal und Deutschland. Sie war Mutter von 21 Kindern und veröffentlichte nach ihrer Rückkehr in die Schweiz ihren Lebensbericht. Sie starb 92-jährig verarmt im Spital der Zürcher Predigerkirche.

Literarischer Fluchtpunkt

Sie war die Vertraute von Exilkünstlerinnen und Naziverfolgten: Emmie Oprecht-Fehlmann (1899–1990) kochte für Else Lasker-Schüler, quartierte Golo Mann bei sich ein und öffnete ihre Buchhandlung für Heimatlose. Wenn sie mit Behörden korrespondierte, unterschrieb ihr Mann.

Die Hakenkreuzfahne begrüsst sie beim Aufstehen. Das Hakenkreuz verabschiedet sie zur Nacht: Auf der gegenüberliegenden Strassenseite ihres Wohnhauses liegt die deutsche Botschaft. «Frau Doktor Oprecht», so nennt man sie respektvoll, streicht ihrem Airedale Terrier über den Kopf, schliesst das Fenster, löscht das Licht.

Bis weit nach Mitternacht sitzt sie nachts an ihrer Korrespondenz. Seit in Deutschland die Nationalsozialisten die Macht an sich gerissen haben, ist die Briefflut kaum zu bewältigen. Bitten um Visa, Beschwörungen aus französischen Internierungslagern.

Die Wohnung von Emmie und Emil Oprecht, ihre Buchhandlung in der Nähe: Sie sind Inseln der Hoffnung für verfemte Autoren und Warteräume der aus Nazideutschland vertriebenen Schriftstellerinnen. Viele sind nach dem Reichstagsbrand geflohen, viele warten in Zürich auf ihre Papiere für die Flucht in die USA. Auch die Familie Mann ist in Zürich, ein Transitort in die Neue Welt. Die vorläufige Heimat in Küsnacht hat Emmie für sie organisiert. Thomas Mann, ihr ewig dankbar, wird mit ihr auch in Amerika in regem Gedankenaustausch bleiben.

Eine Buchhandlung als Fluchtpunkt. Staatenlose Menschen, heimatlose Flüchtlinge, politisch Verfolgte, jeder und jede trifft sich früher oder später bei dem Verlegerpaar an der Zürcher Rämistrasse 5. Er, Emil, muss Aktivdienst leisten, fährt zudem mehrmals wöchentlich nach Bern, um für Ausgewiesene bessere Bedingungen auszuhandeln. Als Bittsteller spricht er bei Heinrich Rothmund, dem Chef der eidgenössischen Fremdenpolizei vor. Emil ist oft abwesend, da er die Verbindung hält zu einer amerikanischen Flüchtlingsorganisation.

Sie, Emmie, ist in Zürich, organisiert mehrheitlich auf sich gestellt den Verlag und die Buchhandlung. Dort sitzen und warten ihr oft unbekannte Menschen, wochenlang, monatelang dieselben zwanzig bis dreissig Flüchtlinge, die sich im Buchgeschäft aufwärmen wollen, vielleicht auch reden. Willkommen sind sie alle, ohne Erklärung und Angaben zur Person. Die deutsche Gesandtschaft lässt das Wohnhaus und das Ladenlokal bespitzeln, die Emigranten sollen abgeschreckt werden. Doch wer darf sich fürchten, wenn er den Tod vor Augen hat?

Emmie hilft mit Geld, das sie bei reichen Freunden zusammensammelt, mit Büchern, die sie in Gefängnisse schickt, mit Lebensmitteln und Kleidung. Golo Mann, Hitler hielt den Schriftsteller bereits vor seiner Machtübernahme für «Abschaum», wohnt ein ganzes Jahr lang im Haushalt der Oprechts. Emmie verfasst Bittschriften um Spenden oder wenigstens um moralische Unterstützung in der ganzen Welt, die Flüchtlinge sollen wissen, dass sie nicht vergessen sind. Sie organisiert auch amerikanische Bürgschaftserklärungen, um Menschen die Passage nach den USA von Marseille aus zu ermöglichen. In Südfrankreich hilft ihr Mittelsmann. Unterschrieben sind die amtlichen Gesuche von ihrem Mann.

Sie fährt auch nach Frankfurt und bis nach Berlin, um für Flüchtlinge auf einer Bank Geld abzuholen. Die Lebensgefahr reist mit: In Deutschland ist auf ihren Mann ein Kopfgeld von 150 000 Mark ausgesetzt.

In einem Raum der alten Kirche Fluntern, dem Tanzstudio der Freundin Trudi Schoop, den sie mit begüterten Freunden mietet, können Erika Mann oder Else Lasker-Schüler lesen und Vorträge halten. Emmie setzt sich dafür ein, dass die verarmte jüdische Dichterin, staatenlos, «schriftenlos» wie es in der Schweiz heisst, ihren Gedichtband «Hebräerland» bei Oprecht veröffentlicht. Immer wieder findet sie reiche Gönnerkreise, die Publikationen stiften, um Autoren und Autorinnen ein kleines Auskommen zu verschaffen. Emmie versteht es, für die Flüchtlinge Öffentlichkeit herzustellen, ein Publikum zu finden und sie in Kontakt zu bringen mit Berufskolleginnen und -kollegen.

«Alle erdenkliche Fantasie und Energie und alle erreichbaren materiellen Mittel wurden aufgeboten, damit die verfolgten Menschen durchhielten. Jedes Schicksal wog schwer, jedes Leben zählte», beschreibt sie später.

Heute Nacht schreibt sie Ignazio Silone, der die Weihnachtstage im Gefängnis der Zürcher Kantonspolizei verbringen muss. Er ist seit 1930 als politischer Flüchtling in der Schweiz, jetzt ist er interniert, er hat gegen das Verbot der politischen Betätigung in der Schweiz verstossen. Emmie korrespondiert mit ihm seit seiner Flucht aus Italien und half mit, dass er in Zürich zum Schriftsteller wird. Bei Oprecht hat Silone den Roman «Fontamara» veröffentlicht, im Jahr von Hitlers Machtergreifung.

Ignazio Silone ist der erste Erfolgsautor des Zürcher Literaturexils. Wo immer er sich aufhält, an seine Retterin schreibt er Briefe und Briefkarten: aus Sils-Maria, Ascona, Davos, Baden – und nun aus dem Gefängnis. Nur die Ordner mit den Schreiben von Thomas Mann und von Golo Mann sind dicker als jene mit dem Briefwechsel des Italieners.

Max Horkheimer, Theodor Wolff, Ernst Bloch, Hans Sahl, Ludwig Hohl oder die Manns und Silone, sie alle gehören zu den Emigranten, die im kleinen Verlag eine vorläufige Heimat finden. Es ist ein literarischer Hafen dank Emil und ein menschlicher dank Emmie.

Den Kampf für entrechtete, hilflose Menschen nimmt Emmie Oprecht-Fehlmann schon früh auf. Ihr Vater ist Elektromonteur und eingeschworener Gewerkschafter, ihre Mutter stirbt, als die Tochter zehn Jahre alt ist. Die Kindheit ist mit diesem Tag zu Ende, Emmie kümmert sich um ihre beiden jüngeren Schwestern, sie ist die Hausfrau im Haushalt. Mit sechzehn Jahren, als Mitglied beim «Wandervogel», einer fortschrittlichen Jugendbewegung, trifft sie ihren späteren Mann.

Sie sind noch nicht verlobt, als die beiden gemeinsam humanitäre Hilfe leisten: Im Grenzort Buchs kommen während des Ersten Weltkriegs österreichische Kinder, Kriegskinder, Kriegswaisen an – Emmie und Emil sind für die schweizerische Arbeiterbewegung zur Stelle. Ihre Erinnerungen sind klar bis zu ihrem Lebensende. «Stundenlang standen wir auf dem zugigen Bahnhof (...). Wenn die Kinder schliesslich ankamen, ausgehungert, schlecht bekleidet und verschüchtert, nahmen wir sie in Empfang und begleiteten sie an ihre Plätzchen (...).» Die gemeinsame Mission verbindet, sie heiraten. Als das Paar beschliesst, eine eigene Buchhandlung und einen Verlag zu eröffnen, macht sie sich keine Illusionen: Die Organisation der Geschäftsdinge würde ihr zufallen.

Emmie ist 53 Jahre alt, als ihr Mann an seiner Krebserkrankung stirbt. Thomas Mann spricht an seinem Grab. Sie meint zwar, sie sei ohne Emil «nur noch ein Viertel des Menschen», der sie war, doch sie ist willensstark und diszipliniert. Sie führt ihr Lebenswerk bis an ihr Lebensende weiter, aufrechten Ganges und in Schwarz gekleidet. Sie gilt als moralische Instanz weit über ihr Lokal, Zürich und die Schweiz hinaus. Die Buchhandlung Oprecht wird Emmie dank ihrer beherzten Geschäftsführerin Barbara Sidler überleben. Wenigstens für dreizehn weitere Jahre.

Emmie Oprecht-Fehlmann (*13.1.1899 in Zürich, †15.4.1990 in Zürich) war eine Flüchtlingshelferin, Verlegerin und Menschenfreundin. Fünf Jahre nach ihrem Tod findet sich im Keller der Buchhandlung ein Koffer mit Texten von Else Lasker-Schüler. Als die Dichterin 1939 zur Ausreise nach Jerusalem genötigt wurde, hinterliess sie ihn den Verlegern zur Verwahrung. Emmie Oprecht-Fehlmann wurde auf dem Zürcher Friedhof Fluntern neben ihrem Mann und ihrer Bekannten, der Schauspielerin Therese Giehse, beigesetzt.

Quellen (Auswahl) und weiterführende Literatur

Elsie Attenhofer, 1909–1999

Elsie Attenhofer (Hrsg): *Cornichon. Erinnerungen an ein Cabaret.* Benteli, Bern 1975.
Elsie Attenhofer: *Der Flug um die goldene Mücke: Erlebte Geschichten, mit Zeichnungen der Autorin.* Reinhardt, Basel 1981.
Elsie Attenhofer: *Réserve du Patron. Im Gespräch mit K.* Rothenhäusler, Stäfa 1989.
César Keiser: *Herrliche Zeiten, 1916–1976. 60 Jahre Kabarett in der Schweiz.* Benteli, Bern 1976.

Lina Bögli, 1858–1941

Lina Bögli: *En Avant: lettres écrites pendant un voyage autour du monde.* Payot, Lausanne 1908.
Lina Bögli: *Talofa: In zehn Jahren um die Welt.* Mit einem Nachwort von Doris Stump. eFeF, Zürich 1990.

Marie-Anne Calame, 1775–1834

J. Christian Kröger: *Reisen durch Deutschland und die Schweiz mit besonderer Rücksicht auf Schul-, Erziehungs- und Kirchenwesen, auf Schulseminar, Waisen-, Armen-, Blinden-, Taubstummen- und andere Wohltätigkeitsanstalten.* Leipzig 1833–1836.
A. F. Péteval: *Marie-Anne Calame et les Israélites du Locle.* Extrait du Journal La Croix, Versailles 1867.
Arthur Piaget: *Marie-Anne Calame et le Conseil d'Etat de la Principauté.* In: Le Musée Neuchâteloises, 1915.
F. A. M. Jeanneret und J. H. Benhôte: *Marie-Anne Calame.* In: Biographies Neuchatelôises, Le Locle 1883.
Marguerite Evard: *Marie-Anne Calame, Pädagogin, Schweiz, 1775 bis 1834.* Oderbolz, Le Locle 1934.
Renate Gyalog: *Die «Pestalozzi» von Le Locle. Das Leben der Marie-Anne Calame.* Benziger, Zürich/Düsseldorf 1996.

Anne Louise Germaine de Staël, 1766–1817

Germaine de Staël: *Corinna, oder Italien.* Winkler, München 1979.
Corinne Pulver: *Madame de Staël: Biografie.* Nymphenburger-Verlagshandlung, München 1980.
Germaine de Staël: *Rettet die Königin! Aufruf zur Verteidigung von Marie-Antoinette und andere Dokumente zur Französischen Revolution.* Manesse, Zürich 1989.
Günter Barudio: *Madame de Staël und Benjamin Constant: Spiele mit dem Feuer.* Rowohlt, Berlin 1996.
Udo Schöning, Frank Seemann (Hrsg.): *Madame de Staël und die Internationalität der europäischen Romantik: Fallstudien zur interkulturellen Vernetzung.* Wallstein, Göttingen 2003.

Sabine Appel: *Madame de Staël. Biographie einer großen Europäerin.* Artemis & Winkler, Düsseldorf 2006.
Germaine de Staël: *Memoiren. Die Demaskierung Napoléons.* Avox, Leipzig 2011.
Madame de Anne-Louise-Germaine Kircheisen Staël: *Memoiren der Frau von Stael.* Inktank Publishing, 2019.

Adele Duttweiler, 1892–1990

Porträt Adele Duttweiler in der Sendung «Karussell». Fernseharchiv srf.ch, 2.4.1986.
Alfred A.Häsler: *Adele Duttweiler-Bertschi.* Ein Jahrhundert-Leben. Edition M., Zürich 1992.
Maj-Britt Horlacher: *Heute vor 125 Jahren: Geburt Adele Duttweiler-Bertschi.* Radioarchiv srf.ch, 29.12.2017.
Kian Ramezani: *«Heute habe ich ein Mädchen gesehen, die will ich zur Frau».* Migros-Magazin, 6.2.2021.

Isabelle Eberhardt, 1877–1904

Isabelle Eberhardt: *Sandmeere, enthaltend die vier Einzelbände: Tagwerke, Im heissen Schatten des Islams, Notizen von Unterwegs, Vergessenssucher und Islamische Blätter.* März bei Zweitausendeins, Frankfurt a. M. 1981.
Eglal Errera: *Isabelle Eberhardt. Eine Biographie mit Briefen, Tagebuchblättern, Prosa.* Lenos, Basel 1989.
Ria Endres: *Werde, was du bist. Literarische Frauenportraits.* Suhrkamp, Frankfurt a.M. 1992.
Annette Kobak: *Wie treibender Sand. Das berauschende Leben der Isabelle Eberhardt.* Droemer Knaur, München 1992.
Sabine Boomers: *Reisen als Lebensform. Isabelle Eberhardt, Reinhold Messner und Bruce Chatwin.* Campus, Frankfurt a.M., New York 2004.
Catherine Sauvat, Jean-Luc Manaud: *Isabelle Eberhardt. Abenteuer in der Wüste.* Gerstenberg, Hildesheim 2004.
Isabelle Eberhardt: *Sieben Jahre im Leben einer Frau.* Briefe, Tagebuchblätter, Prosa. Lenos, Basel 2019.

Regula Engel-Egli, 1761–1853

Regula Engel-Egli: *Frau Oberst Engel: Von Cairo bis Neuyork, von Elba bis Waterloo: Memoiren einer Amazone aus Napoleonischer Zeit.* Artemis, Zürich 1977.
Regula Engel: *Frau Oberst Engel. Memoiren einer Amazone aus Napoleonischer Zeit.* Limmat, Zürich 2009.
(Frühere Ausgaben erschienen unter dem Titel: *Die schweizerische Amazone.* St.Gallen 1825; ursprünglich erschienen als: *Lebensbeschreibung der Witwe des Oberst Florian Engel.* Zürich 1821.)

Emilie Gourd, 1879–1946

Emilie Gourd: *Le souffrage des femmes en pratique.* London 1926.
Emilie Gourd: *Travail à domicile dans les villes et les tâches actuelles des ouvroirs.* Schweizerischer Verband für Heimarbeit, 1943.
Emilie Gourd: *Une vie est un exemple.* Prodinnova, 2020.

Elisabetha Grossmann, 1795–1858

F. A. Volmar: *Elisabetha, die schöne Schifferin vom Brienzersee. Das tragische Schicksal einer einst berühmten Schweizerin.* Gute Schriften, Bern 1964.
Therese Bichsel: *Schöne Schifferin. Auf den Spuren einer aussergewöhnlichen Frau.* Zytglogge, Oberhofen 1997.

Marie Heim-Vögtlin, 1845–1916

Marie Heim-Vögtlin: *Einige erzieherische Rathschläge für Mütter. Ansprache an der Jahresversammlung des Zürcher Frauenbundes zur Hebung der Sittlichkeit.* Zürich 1891.
Marie Heim-Vögtlin: *Die Aufgabe der Mutter in der Erziehung der Jugend zur Sittlichkeit. Vortrag, gehalten an der Jahresversammlung des Zürcher Frauenbundes zur Hebung der Sittlichkeit am 19. März 1904.* Zürcher & Furrer, Zürich 1904.
Marie Heim-Vögtlin: *Die Pflege des Kindes im ersten Lebensjahr. Zehn Briefe an eine junge Freundin, verfasst im Auftrag des Schweizerischen Gemeinnützigen Frauenvereins.* R. Gerhard, Leipzig 1907.
Johanna Siebel: *Das Leben von Frau Dr. Marie Heim-Vögtlin, der ersten Schweizer Ärztin.* Rascher, Zürich 1933.
Verena E. Müller: *Marie Heim-Vögtlin – die erste Schweizer Ärztin (1845–1916). Ein Leben zwischen Tradition und Aufbruch.* Hier + jetzt, Baden 2007.

Anne-Marie Im Hof-Piguet, 1916–2010

Anne-Marie Im Hof-Piguet: *Fluchtweg durch die Hintertür. Eine Rotkreuz-Helferin im besetzten Frankreich 1942–1944.* Im Waldgut, Frauenfeld 1986.
Ina Boesch: *Grenzfälle. Von Flucht und Hilfe. Fünf Geschichten aus Europa.* Limmat, Zürich 2008.
Helena Kanyar Becker: *Vergessene Frauen. Humanitäre Kinderhilfe und offizielle Flüchtlingspolitik 1917–1948.* Schwabe, Basel 2010.

Emilie Kempin-Spyri, 1853–1901

Katharina Belser (Hrsg.): *Ebenso neu als kühn. 120 Jahre Frauenstudium an der Universität Zürich.* eFeF, Zürich 1988.
Eveline Hasler: *Die Wachsflügelfrau. Geschichte der Emily Kempin-Spyri.* Nagel & Kimche, Zürich 1991.
Marianne Delfosse: *Emilie Kempin-Spyri (1853–1901). Das Wirken der ersten Schweizer Juristin unter besonderer Berücksichtigung ihres Einsatzes für die Rechte der Frau im schweizerischen und deutschen Privatrecht.* Schulthess, Zürich 1994.

Elisabeth Kübler-Ross, 1926–2004

Elisabeth Kübler-Ross: *Interview mit Sterbenden.* Kreuz, Stuttgart 1974.
Elisabeth Kübler-Ross: *Verstehen, was Sterbende sagen wollen.* Kreuz, Stuttgart 1982.
Elisabeth Kübler-Ross (Autobiografie): *Das Rad des Lebens.* Droemer Knaur, München 2000.

Elisabeth Kübler-Ross: *Über den Tod und das Leben danach.* Die Silberschnur, Güllesheim 2002.
Elisabeth Kübler-Ross: *Erfülltes Leben, würdiges Sterben.* Gütersloher Verlag, Gütersloh 2004.

Emma Kunz, 1892–1963

Anton Meier: *Emma Kunz. Forscherin, Naturheilpraktikerin, Künstlerin.* Edition Emma Kunz, Baden 2004.
Annette Kerckhoff: *Heilende Frauen.* Elisabeth Sandmann, München 2010.
Régine Bonnefoit, Sara Petrucci (Hrsg.): *Zahl, Rhythmus, Wandlung: Emma Kunz und Gegenwartskunst.* Steidl, Göttingen 2020.
Yasmin Afschar (Hrsg.): *Kosmos Emma Kunz.* Scheidegger & Spiess, Zürich 2021.

Warja Lavater, 1913– 2007

Nachlass Warja Lavater-Honegger. Signatur: Zentralbibliothek Zürich, Nachl. W. Lavater 1–33.
Mary Lavater Sloman: *Die Befreiung. Eine Novelle.* Mit Illustrationen von Warja Honegger-Lavater, Artemis, Zürich 1951.
Gefaltete Geschichten Honegger-Lavater. Regionalmagazin Antenne, Fernseharchiv srf.ch, 9.7.1965.
Die Leute. Ein Punktogramm gestempelt und beschrieben von Warja Lavater. Benteli, Bern 1979.
Nachruf von Dieter Schwarz sowie Auszug aus der Rede von Regula Langemann-Lavater anlässlich der Beisetzung, Zürich, 2007.
Warja Lavater: *Tell.* Leporello. NordSüd, Zürich 2017.
Monika Plath, Karin Richter: *Die Bildwelten der Warja Lavater «Schneewittchen».* Schneider Hohengehren, Baltmannsweiler 2019.

Emilie Lieberherr, 1924–2011

Emilie Lieberherr: *Kochbüchlein für Senioren: mit 95 Rezepten für 1 oder 2 Personen.* Sozialamt der Stadt Zürich, Zürich 1988.
Emilie Lieberherr, Beat Kraushaar: *Drogenland in Mafiahand, Entwicklung, Kommentare und Materialien zur Drogensituation in der Schweiz.* Werd, Zürich 1996.
Andrea Brigitte Studer: *Emilie Lieberherr. Festschrift zum 85. Geburtstag.* Zürich 2009.
Trudi von Fellenberg-Bitzi: *Emilie Lieberherr: Pionierin der Schweizer Frauenpolitik.* NZZ Libro, Basel 2019.

Ella Maillart, 1903–1997

Ella Maillart: *Auf kühner Reise – Von Moskau in den Kaukasus.* Lenos, Basel 2006, auch unter dem Titel: *Ausser Kurs: eine junge Schweizerin in der revolutionären Sowjetunion.* eFeF, Zürich 1989.Originalausgabe: *Parmi les jeunesse russes.* Fasquelle Editeurs, Paris 1932.
Ella Maillart: *Turkestan Solo – Eine abenteuerliche Reise ins Ungewisse.* Frederking und Thaler, München 2001. Erstausgabe: *Turkestan solo: one woman's expedition from the Tien Shan to the Kizil Kum.* Putnam, New York 1935.

Ella Maillart: *Verbotene Reise – Von Peking nach Kaschmir.* Lenos, Basel 2003. Originalausgabe: *Oasis Interdits. De Pekin au Cachemire.* Grasset, Paris 1937.
Ella Maillart: *Flüchtige Idylle. Zwei Frauen unterwegs in Afghanistan.* eFeF, Zürich 1988. Originalausgabe: *The Cruel Way.* Williams Heinemann, London 1947. Deutsche Übersetzung: *Auf abenteuerlicher Fahrt durch Iran und Afghanistan.* Orell Füssli, Zürich 1948.
Ella Maillart: *Der bittere Weg. Mit Annemarie Schwarzenbach unterwegs nach Afghanistan.* Lenos, Basel 2001.
Annemarie Schwarzenbach, Ella Maillart, Nicoals Bouvier: *Unsterbliches Blau, Reise nach Afghanistan.* Scheidegger & Spiess, Zürich 2003.
Ella Maillart: *Envoyée spéciale en Mandchourie – En Asie où guettent les Maîtres de demain.* Editons Zoé, Genf 2009.
Die Reise nach Kafiristan, Spielfilm nach der Afghanistan-Reise von 1939. Buch und Regie Fosco und Donatello Dubini (2 DVDS).

Mentona Moser, 1874–1917

Mentona Moser: *Die weibliche Jugend der oberen Stände:* Betrachtungen und Vorschläge. Schulthess, Zürich 1903.
Mentona Moser: *Beiträge zur Wohltätigkeit und sozialen Hilfeleistung in ihrer praktischen Anwendung.* Schulthess, Zürich 1905.
Roger Nicolas Balsiger: *Mentona Moser.* In: Schaffhauser Beiträge zur Geschichte, 1981.
Mentona Moser: *Unter den Dächern von Morcote.* Meine Lebensgeschichte. Dietz, Berlin 1985.
Mentona Moser: *Ich habe gelebt* (Autobiografie), mit einem Nachwort von Roger Nicolas Balsiger. Limmat, Zürich 1986.
Die Geschichte der sozialen Arbeit in Europa (1900–1960): Pionierinnen und ihr Einfluss auf die Entwicklung internationaler Organisationen. Wiesbaden 2002.
Eveline Hasler: *Tochter des Geldes. Mentona Moser – die reichste Revolutionärin Europas.* Roman eines Lebens. Nagel & Kimche, Zürich 2019.

Meret Oppenheim, 1913–1985

Bice Curiger: *Meret Oppenheim. Spuren durchstandener Freiheit.* Scheidegger & Spiess, Zürich 2002.
Christiane Meyer-Thoss (Hrsg.): *Husch, husch, der schönste Vokal entleert sich. Gedichte, Prosa.* Mit Abbildungen und einer CD. Suhrkamp, Frankfurt a. M. 2002.
Therese Bhattacharya-Stettler (Hrsg.): *Meret Oppenheim. Retrospektive: «mit ganz enorm wenig viel».* Hatje Cantz, Ostfildern 2006.
Meret Oppenheim: Träume: Aufzeichnungen 1928–1985. Suhrkamp, Berlin 2010.
Simon Baur, Christian Fluri (Hrsg.): *Meret Oppenheim, Eine Einführung.* Christoph Merian, Basel 2013.

Lisa Wenger, Martina Corgnati, (Hrsg.): *Meret Oppenheim, Worte nicht in giftige Buchstaben einwickeln.* Scheidegger & Spiess, Zürich 2013.
Meret Oppenheim – Eine Surrealistin auf eigenen Wegen. Doku-Film von Daniela Schmidt-Langels. Arte 2017.

Emmie Oprecht, 1899–1990

Orlando Antonio: *Emmie Oprecht: Porträt,* 1988.
Fluchtpunkt Zürich, Ein Gespräch mit Emmie Oprecht: *«Da muss man doch einfach helfen»,* von Christian Dörig und Katja Ziegler, Zeit online, 28.04.1989.
Christoph Emanuel Dejung: *Emil Oprecht, Verleger der Exilautoren.* Rüffer & Rub, Zürich 2020.

Alfonsina Storni, 1892–1938

Alfonsina Storni: *Verse an die Traurigkeit.* Orte, Zürich 1995.
Delmira Agustini, Hans-Jürgen Schmitt (Hrsg.): *Wie mit gezücktem Messer in der Nacht: Delmira Agustini, Alfonsina Storni, Alejandra Pizarnik – Leben und Sterben dreier lateinamerikanischer Lyrikerinnen.* Ammann, Zürich 2000.
Alfonsina Storni: *Poemas de amor, Liebesgedichte.* Limmat, Zürich 2003.
Alfonsina Storni: *Blaue Fledermaus der Trauer, Gedichte.* Teamart, Zürich 2009.
Christophe Kühn: *Alfonsina. Das bewegte Leben einer grossen Avantgardistin.* DVD, Limmat, Zürich 2015.

Sophie Taeuber-Arp, 1889–1943

Stiftung Hans Arp und Sophie Taeuber-Arp (Hrsg.), Gregor Laschen: *Sophie Taeuber, Malerin, Bildhauerin, 1889–1943.* Rolandseck 1989.
Beat Wiesmer, Aargauer Kunsthaus (Hrsg.): *Sophie Taeuber zum 100. Geburtstag = nelcentenario della nascita, Aargauer Kunsthaus, Aarau.* Lars Müller, Baden 1989.
Angela Thomas: *Mit unverstelltem Blick. Bericht zu drei Künstlerinnen: Anna Baumann-Kienast, Alis Guggenheim, Sophie Taeuber-Arp.* Benteli, Bern 1991.
H. R. Fricker, Kronengesellschaft Trogen (Hrsg.): *Sophie Taeuber-Arp: Kindheit und Jugend in Trogen.* Edition Fink, Zürich 1995.
Roswitha Mair: *Von ihren Träumen sprach sie nie: das Leben der Künstlerin Sophie Taeuber-Arp.* Herder, Freiburg im Breisgau 1998.
Wolfgang Nestler: *Sophies Inseln: Hommage à Sophie Taeuber-Arp.* Steidl, Göttingen 2009.
Stephan Kunz (Hrsg.): *Sophie Taeuber-Arp: 1889–1943.* Aargauer Kunsthaus, Aarau, 2010.
Margret Greiner: *Sophie Taeuber-Arp, Der Umriss der Stille.* Zytglogge, Basel 2018.
Fondazione Marguerite Arp (Hrsg.): *Briefe von Sophie Taeuber-Arp an Annie und Oskar Müller-Widmann.* Scheidegger & Spiess, Zürich 2021.
Sophie Taeuber-Arp: *A Life through Art / Ein Leben für die Kunst.* Thames and Hudson, Skira Editore, Mailand 2021.

Medea Hoch, Walburga Krupp et al. (Hrsg.): *Sophie Taeuber-Arp. Briefe 1905–1942.* Nimbus, Wädenswil 2021.

Iris von Roten, 1917–1990

Iris von Roten: *Frauen im Laufgitter: offene Worte zur Stellung der Frau.* Hallwag, Bern 1958.
Anne-Sophie Keller, Yvonne-Denise Köchli: *Eine Frau kommt zu früh – noch immer?.* Edition Xanthippe, Zürich 2017.
Wilfried Meichtry: *Verliebte Feinde, Iris und Peter von Roten.* Ammann, Zürich 2007.
Verliebte Feinde (Enemies in Love). Doku-Fiction von Werner Swiss Schweizer und Katja Früh nach dem gleichnamigen Buch von Wilfried Meichtry, Dschoint Ventschr/SRF, 2013.

Catherine von Wattenwyl, 1645–1714

Die massgebende Literatur befindet sich in der Burgerbibliothek Bern, im Staatsarchiv Bern sowie im Schweizerischen Bundesarchiv in Bern.
Catherine Perregeaux-de Watteville: *Mémoire de Madame Perregaux née de Watteville, présenté en 1714 à Monsieur le Comte de Luc, Valangin, 1714.*
Pierre Grellet: *La vie cavalière des Catherine de Watteville.* Lausanne, 1928.
Therese Bichsel: *Catherine von Wattenwyl, Amazone, Pfarrfrau und Spionin.* Zytglogge, Oberhofen 2004.

Marie Walden, 1834–1890

Die massgebende Literatur befindet sich in der Burgerbibliothek Bern im Corpus des Nachlasses von Jeremias Gotthelf (Albert Bitzius).
Marie Walden: *Aus dem Leben meines Bruders Albert Bitzius gew Regierunsrath.* Stampfli'sche Buchdruckerei, Bern 1882.
Marie Walden: *Aus der Heimat.* Haller, Bern 1884.
Marie Walden: *Zwei Jahre im Dorfe.* Berner Volkschriften 1892.
Marie Henriette Rüetschi: *Gedichte von MH Rüetschi, geb. Bitzius (Marie Walden): nebst Lebensbild der Verewigten.* KJ Wyss, Bern 1892.
Walther Hutzli: *Henriette Rüetschi-Bitzius, die ältere Tochter Jeremias Gotthelfs:* (Marie Walden): ein Lebensbild. Gute Schriften, Bern 1976.

Anna Waser, 1678–1714

Maria Waser: *Die Geschichte der Anna Waser (Ein Roman aus der Wende des 17. Jahrhunderts).* Deutsche Verlags-Anstalt, Stuttgart 1913.
Gottfried Sello: *Malerinnen aus fünf Jahrhunderten.* Ellert & Richter, Hamburg 1988.

Lydia Welti-Escher, 1858–1891

Bernhard von Arx: *Karl Stauffer und Lydia Welti-Escher. Chronik eines Skandals.* Zytglogge, Bern 1991.
Joseph Jung: *Das Imaginäre Museum. Privates Kunstengagement und staatliche Kulturpolitik.* Neue Zürcher Zeitung, Zürich 1998.

Willi Wotreng: *Die Millionärin und der Maler. Die Tragödie Lydia Welti-Escher und Karl Stauffer-Bern.* Orell Füssli, Zürich 2005.
Joseph Jung: *Lydia Welti-Escher.* Neue Zürcher Zeitung, Zürich 2009.
Willy Wotreng: *Lydia Welti-Escher. Eine Frau in der Belle Époque.* Elster Verlag, Zürich 2014.
Joseph Jung: *Lydia Welti-Escher.* NZZ Libro, Zürich 2016.
Stef Stauffer: *Die Signora will allein sein.* Münster Verlag, Basel 2017.
Lukas Hartmann: *Ein Bild von Lydia.* Diogenes Verlag, Zürich 2018.

Gertrud Woker, 1878–1968

Getrud Woker: *Skizzen (Gedichtband).* Bern 1902.
Gertrud Woker: *Die entfesselte Macht des Atoms und unsere Zukunft. In dankbarer Erinnerung an Clara Ragaz-Nadig, Zürich 1958.* Hrsg: Komitee gegen den Wissenschaftlichen Krieg der IFFF. Mit Wokers Beiträgen «An die Ewiggestrigen» und «Reaktoren als Volksgefahr?», Internationale Frauenliga für Frieden und Freiheit (IFFF): Bericht des Internationalen Frauenkongresses in Zürich, 12.–17. Mai 1919, Zürich 1919.
Gertrud Woker: *Über Giftgaskrieg.* In: *Nie wieder Krieg,* Hrsg: Weltfriedensbund der Jugend, Schweiz Zweig Mai 1923, Zürich.
Getrud Woker: *Der kommende Giftgaskrieg.* Ernst Oldenburg, Leipzig 1925.
Gertrud Woker: *Aus meinem Leben/ Kinderjahre.* In: Elga Kern, *Führende Frauen Europas.* Ernst Reinhardt, München 1928.
Internationale Frauenliga für Frieden und Freiheit (IFFF): *Internationaler Kampf gegen Opium und Rauschgifte.* Konferenz 18.11.1929, Berlin.
Gerit von Leitner: *Frauenraum Naturwissenschaften? Clara Immerwahr und Gertrud Woker.* In: Dieter Kinkelbur, Friedhelm Zubke (Hrsg): *Friedensentwürfe. Positionen von Querdenkern des 20. Jahrhunderts.* agenda, Münster 1995.
Gerit von Leitner: *Wollen wir unsere Hände in Unschuld waschen? Gertrud Woker (1878–1968), Chemikerin.* Internationale Frauenliga 1915–1968. Weidler, Berlin 1998.

Heilige Wiborada, Ende 9. Jh.–ca. Mai 926

Sankt Wiborada: *Bibliophiles Jahrbuch für katholisches Geistesleben, Wiborada.* Westheim bei Augsburg 1933–1940.
Walter Berschin: *Vitae sanctae Wiborada: die älteste Lebensbeschreibung der heiligen Wiborada.* Historischer Verein des Kantons St. Gallen, 1983.
Patricia Grzonka: *Codex 602 in der Stiftsbibliothek St. Gallen: ein spätmittelalterliches Legendar mit Illustrationen der Heiligenviten von Gallus, Magnus, Otmar und Wiborada.* Zürich 1993.

Dagmar Schifferli: *Wiborada.* Pendo, Zürich 1998.
Zürcher, Dorothee: *Stabilitas Loci – Der Weg der Wiborada.* IL-Verlag, Basel 2018.

Mabel Zuppinger-Westermann, 1897–1978

Mariana Christen, Johanna Gisler, Martin Heller (Hrsg.): *Ganz Annabelle. Eine Zeitschrift als Freundin.* Chronos und Edition Museum für Gestaltung, Zürich 1992.

Bildnachweis

17 Ortsmuseum Rüschlikon | **23** Zentralbibliothek Zürich, Graphische Sammlung | **29** ullstein bild, Foto Heinz Günter Mebusch | **35, 59, 65, 71, 83, 131, 137, 154** Keystone | **41** Privatarchiv Roger Nicholas Balsiger | **47** Bild Theodor Roos | **53** Emma Kunz Zentrum | **89** Schweizerische Nationalbibliothek | **95** Monika Flückiger, Bern | **107** Burgerbibliothek Bern, Porträtdok. 8560. Foto: Gerhard Howald | **113, 173** Schweizerisches Sozialarchiv **119** Comet Photoshopping | **125** The Bridgeman Art Library, Ölbild François Gérard | **143** Nic Aluf, Sophie Taeuber-Arp, 1920, Stiftung Arp e.V., Berlin/Rolandswerth | **149** ullstein Bild - RDB | **166** Kunsthaus Zürich, Selbstportrait 1691, Öl auf Leinwand | **185** Zentralbibliothek Zürich, Graphische Sammlung und Fotoarchiv

Wir danken allen, die uns freundlicherweise Abdruckrechte erteilt haben. Einige Urheberrechte konnten trotz umfangreicher Recherche nicht geklärt werden. Wir bitten allfällige Rechteinhaber, sich mit dem Verlag in Verbindung zu setzen.

Foto Thoma Flechtner

Daniele Muscionico, geboren 1962, aufgewachsen im St. Galler Rheintal. Germanistikstudium an der Universität Zürich, langjährige Redaktorin für Theater und Fotografie der «Neuen Zürcher Zeitung». Gewinnerin des Zürcher Journalistenpreises und des Medienpreises für Freischaffende, seit 2008 freie Publizistin. Veröffentlichte u. a. die Monografie über die Zürcher «Kronenhalle», «Jetzt erst Hecht. 50 Jahre Theater am Hechtplatz» und eine Monografie zur Deutschschweizer Kabarett- und Comedyszene, «Backstage». Im Limmat Verlag erschien von ihr zuletzt «Fell und Flausen. Wahre Geschichten von Tieren und ihren Menschen».

Dieses Buch wurde mit finanzieller Unterstützung durch den Förderverein des Limmat Verlags realisiert.

Für einen Druckkostenbeitrag danken Autorin und Verlag der Ernst Göhner Stiftung.

ERNST GÖHNER STIFTUNG

Im Internet
› Informationen zu Autorinnen und Autoren
› Hinweise auf Veranstaltungen
› Links zu Rezensionen, Podcasts und Fernsehbeiträgen
› Schreiben Sie uns Ihre Meinung zu einem Buch
› Abonnieren Sie unsere Newsletter zu Veranstaltungen und Neuerscheinungen
› Folgen Sie uns

Das *wandelbare Verlagsjahreslogo* auf Seite 1 zeigt Leselampen aller Art, Linoldruck von Laura Jurt, Zürich, laurajurt.ch

Der Limmat Verlag wird vom Bundesamt für Kultur mit einem Strukturbeitrag für die Jahre 2021–2024 unterstützt.

Das Porträt auf dem Umschlag von Meret Oppenheim stammt von Heinz Günter Mebusch, ullstein bild.

Typografie und Umschlaggestaltung: Trix Krebs
Druck und Bindung: Friedrich Pustet, Regensburg

ISBN 978-3-03926-018-8

www.limmatverlag.ch